Hühner halten

Beate & Leopold Peitz

Hühner

halten

Fünfte Auflage
46 Farbfotos
46 Zeichnungen
15 Tabellen

Die Deutsche Bibliothek – CIP-Einheitsaufnahme

Peitz, Beate:
Hühner halten : 15 Tabellen / Beate & Leopold Peitz. – 5., Aufl., –
Stuttgart : Ulmer, 1998
ISBN 3-8001-7381-6
NE: Peitz, Leopold:

Wollgrasweg 41, 70599 Stuttgart (Hohenheim)
Printed in Germany
Lektorat: Ingeborg Ulmer
Herstellung: Christine Deutschländer-Wolff, Otmar Schwerdt
Umschlagentwurf: Alfred Krugmann, Freiberg am Neckar
mit Fotos von Hans Reinhard, Heiligkreuzsteinach
Satz: Typomedia Satztechnik GmbH, Ostfildern
Druck: Gulde-Druck GmbH, Tübingen

Vorwort

Hühner zu halten ist in unserem dicht besiedelten Lebensraum oft die einzige Möglichkeit, sich mit Nutztieren intensiv zu befassen und damit ein Stück echten Landlebens, von dem so mancher Zeitgenosse träumt, in den heimischen Garten zu holen. Während sich die Hühnerhaltung in den letzten Jahrzehnten vornehmlich in zwei sehr verschiedene Richtungen entwickelt hat, nämlich die Wirtschaftsgeflügelhaltung mit riesigen Stückzahlen von Hochleistungstieren und die Rassegeflügelhaltung mit kleinen Beständen in den kuriosesten Farben und Formen, machen wir heute die erfreuliche Feststellung, daß der Bestand an gemischtrassigen kleineren Hühnervölkern zunimmt und darüberhinaus manch alte Rasse, die früher auf dem Lande gehalten wurde, wiederentdeckt und vor dem völligen Aussterben bewahrt wird. Im Vordergrund bei diesen Hühnerhaltern steht neben dem Gedanken der Selbstversorgung vor allem die Freude an der Kreatur und dem hautnahen Erleben vom Werden und Vergehen. Mancher Leser wird diese bereichernde Erfahrung auf Grund seiner Lebensumstände nie machen können, anderen fehlt vielleicht der Mut, dieses Experiment zu wagen. Beiden ist dieses Buch gewidmet. Dem einen, um sein Wissen über die lebendige Umwelt zu erweitern und allgemein Verständnis zu wekken, dem andern, um ihn mit dem notwendigen Fachwissen auszustatten und ihm für das kleine Wagnis Mut zu machen. Das wollen wir versuchen, indem wir ausgehend von der Kulturgeschichte des Haushuhnes und seinen körperlichen und sozialen Eigenheiten das darstellen, was wir eine tiergerechte Haltung nennen, die im übrigen mehr Kenntnisse voraussetzt, als gemeinhin praktiziert wird.

So soll sich denn der potentielle Hühnerhalter durch die zusammengetragenen Informationen am Ende in den Stand gesetzt fühlen, sicher zu beurteilen, unter welchen Bedingungen er seinen Wunsch mit fester Entschlossenheit in die Tat umsetzen kann. Sei es die Frage, ob das Halten einer bescheidenen Hühnerherde seitens der örtlichen Ordnungsmacht oder des angrenzenden Nachbarn gestattet wird, sei es die Frage des Stallbaues, der Gestaltung des Auslaufs, der richtigen Pflege und sachgerechten Fütterung, seien es Probleme der künstlichen und natürlichen Brut und Aufzucht oder Anregungen zur Verwertung der Hühnerprodukte; auf all dies sollen Antworten gegeben werden. Dabei liegt es nicht in der Absicht der Verfasser, dogmatische Regeln über die Hühnerhaltung aneinanderzureihen. Vielmehr wollen sie Anstöße geben und eine Richtschnur spannen, die eigenen kreativen Lösungen Raum läßt.

Beate und Leopold Peitz

Inhaltsverzeichnis

Der Wunsch eines jeden Hühnerhalters, die eigene Nachzucht!

Domestikation und Verbreitung des Haushuhns

Viele Geschichten fangen bei Adam und Eva an. Wir wollen nicht in diesen Fehler verfallen und beginnen die Kulturgeschichte unseres Haushuhns „erst“ im zweiten Jahrtausend vor Christi Geburt. Zum Verständnis und zur Wertschätzung dieses heute vielfach als geringwertig geschätzten Nahrungsmittels Huhn und seiner Produkte gehört das Wissen über seinen kulturgeschichtlichen Ursprung und dessen Wandlung im Laufe der zivilisatorischen Entwicklung des Menschen; und bald werden wir unsere kleine Hühnerschar mit anderen Augen betrachten.

Ein wenig aus der Kulturgeschichte

Sprechen wir heute von Hühnern, so wird der Laie zunächst damit das Bild von eierlegenden Hennen und weniger vom stolzen Hahn vor Augen haben, der kulturgeschichtlich eine weitaus größere Bedeutung hat, als der weibliche Hühnervogel. Der Hahn galt bei vielen Völkern des Altertums als heilig.

Für Kinder ist eine solch zutrauliche Hühnerschar immer wieder ein Erlebnis, besonders, wenn sie so bunt gemischt ist.

So wird berichtet, daß der Hahn bei den alten Persern hohe Wertschätzung erfuhr, da er nach deren Vorstellung mit seiner Stimme die Dämonen und Zauberer vertrieb und damit der Beschützer von Haus und Vieh war. Später gelangte das Fetischtier der Perser mit den Perserkriegen auch nach Kleinasien und damit zu den Griechen, die ihn mit dem Namen Alektor, d.h. Abwehrer ehrten.

Schließlich wurde er bei den Griechen zum Opfertier, das vor allem Asklepios, dem Heilgotte, zum Dank dargereicht wurde, wenn man von einer Krankheit genesen war.

Eine andere Funktion erfüllte das Huhn bei den Römern, die es vermutlich bei den süditalischen Griechen kennengelernt hatten. Man glaubte, daß der Hühnervogel die göttliche Fähigkeit besäße, in die Zukunft zu sehen. Vor allem, wenn man einen Kriegszug vorbereitete oder unmittelbar vor einer entscheidenden Schlacht stand, richtete man ein „Auspicium“ ein, das so vor sich ging. Der eigens abgestellte Hühnerwärter oder „pullarius“ streute den heiligen Hühnern (pulli) Futter vor. Wenn die Tiere gierig fraßen, deutete das auf einen günstigen Ausgang der Schlacht, fraßen sie nur unlustig, war auf einen schlechten Ausgang der Unternehmung zu schließen.

Aber nicht nur als Vorhersage für den Erfolg oder Mißerfolg einer Schlacht, auch für andere Unternehmungen und sogar für Staatsgeschäfte wurde das Hühnerauspicium bemüht. So schreibt Plinius der Ältere in seiner Naturgeschichte unter anderem: „Der Hahn ist der Ehre wert, die ihm selbst die römischen Konsuln erweisen. Sein mehr oder weniger begieriges Fressen gibt die wichtigsten Aufschlüsse über dem römischen Staate bevorstehendes Glück oder Unglück. Täglich regiert er unsre Obrigkeiten oder verschließt und öffnet ihnen ihr eigenes Haus. Er befiehlt den römischen Konsuln vorzurücken oder stehenzubleiben, befiehlt oder verbietet Schlachten; er hat alle auf Erden erfochtenen Siege im voraus verkündet, beherrscht die Beherrscher der Welt und ist, als Opfertier dargebracht, ein herrliches Mittel, die Gunst der Götter zu erhalten."

Gerade als Opfertier erlangte der Hahn bei verschiedenen Völkern immer größere Bedeutung; besonders bei den ärmeren Schichten des Volkes, die sich nur schwerlich größere Opfertiere hätten leisten können. Nach und nach legte sich dann die Scheu, den Hühnervogel auch profaneren Zwecken wie der Eierproduktion oder der Mast zuzuführen. So finden wir in der römischen Literatur auch allerlei Anleitungen zur Haltung von Hühnern. Varro etwa schreibt: „Will man auf einem Landhause 200 Stück Haushühner halten, so gibt man ihnen einen besonderen Stall, zäunt den Platz davor, auf dem auch Sand zum Bade liegen muß, ein und hält ihnen einen eigenen Wärter. Will man die Eier für die Küche aufbewahren, so reibt man sie mit gepulvertem Salz oder legt sie drei Stunden in Salzwasser, trocknet sie und bedeckt sie mit Kleie oder Spreu. Sollen Haushühner gemästet werden, so sperrt man sie an einem lauen dunklen Orte ein und nudelt sie mit Gerstenabkochung. So oft sie genudelt werden, wird ihnen auch der Kopf, wenn es nötig ist, von Läusen gereinigt. In 25 Tagen müssen sie fett sein. Manche machen sie auch in 20 Tagen fett und erzeugen ein zartes Fleisch, indem sie sie mit Weizenbrot füttern, das in einer Mischung von Wasser und Wein aufgeweicht wurde."

Auch Columella gibt uns in seinem Buche über den Landbau eine ausführliche Anleitung zur Hühnerhaltung, die sich in den Grundzügen nur unwesentlich von der heutigen bei Hobbyhaltern und kleinbäuerlichen Haltungen unterscheiden. Er empfiehlt u.a., den Stall neben der Küche oder dem Backhaus anzubringen, damit man den Rauch hineinlassen könne, um das Federvieh vor Erkrankung oder sonstiger Gefährdung zu schützen.

Dem Leser wird auffallen, daß die „alten" Hühnerhalter ihre Tiere offenbar sehr genau beobachteten, um deren Bedürfnisse zu erforschen, weil sie offensichtlich der Auffassung waren, daß das Wohlbefinden der Tiere nur durch eine möglichst tiergemäße Haltung erreicht werde und damit dann eine höhere Wirtschaftlichkeit verbunden sei. Interessant ist sicher auch, daß bereits zu der erwähnten Zeit durchaus Unterschiede in der Legeleistung und Fleischausbeute verschiedener „Rassen“ festgestellt wurden. So waren bei den Römern, die ihre Hühnerstämme von den Griechen bezogen, besonders die Hühner von Delos, Rhodos und Melos wegen ihrer Größe und ihres fleißigen Legens beliebt.

Nach Mittel- und Nordeuropa soll das Huhn unabhängig vom griechischen und römischen Kulturkreis gelangt sein. Dies belegen Zeugnisse aus der römischen Invasion bei den Kelten an der Südküste Englands, von denen Cäsar sagt, sie besäßen bereits das Haushuhn. Auch bei den Kelten und Germanen war das Huhn offenbar ein heiliges Tier. So galt es als Sünde, das Huhn selbst zu essen. Allenfalls war es erlaubt, die Eier zu genießen. Davon, daß das Huhn unabhängig von den Römern seinen Weg zu den Germanen und Kelten fand, zeugt auch die gotische Bezeichnung für Hahn = hana und für Huhn = hôn.

Erst im Mittelalter erhielt das Huhn seine eigentliche Bedeutung als Eier- und Fleischlieferant. Die Hühnerzucht wurde dadurch zu einem sehr wichtigen Kultur- und Wirtschaftsfaktor. Wie in vielen Bereichen waren es hier wieder die Mönche in den Klöstern, die die größten Erfolge aufzuweisen hatten und ihre Zuchtprodukte an Hörige und Zinsbauern abgaben, die wiederum mit Hühnern und Eiern ihre Zinsschuld bei der Gutsherrschaft beglichen. Darüberhinaus bildeten Hühner zu der Zeit den beliebtesten Proviant für Heereszüge, indem sie lebend in großen Holzkäfigen mitgeführt wurden. Auch späterhin war das Hühnervolk bei keiner bäuerlichen Wirtschaft mehr wegzudenken, da es frei umherlaufend sich vom Druschabfall, Sämereien aller Art, Würmern, Insekten und Küchenabfällen ernährte und so billig nebenher zu halten war.

Aber auch andere Kulturkreise wurden vom domestizierten Huhn – ausgehend von seiner indischen Heimat, wo es nachweislich schon vor etwa 4000 Jahren gehalten wurde, – „erobert“. Bei seinem Zug nach Westen über Vorder- und Kleinasien erreichte es auch Ägypten und Nordafrika, früher noch in Richtung Osten China und von da aus Japan und die Mongolei. Auf den amerikanischen Kontinent gelangte es wohl erst vor etwa 500 Jahren, auf den australischen noch später.

Macht man sich Gedanken darüber, aus welchem Grund die Menschen ursprünglich das Huhn zum Haustier gemacht haben, so sind noch zwei wichtige Faktoren zu nennen, die vielleicht seinen Funktionen als Nahrungslieferant vorausgingen. Da in Gefangenschaft gesetzte Hühner zunächst keine Eier legten und sich nicht fortpflanzten, schieden die im Mittelalter und heute als selbstverständlich angesehenen Gründe nach Ansicht mancher Forscher für die Hühnerhaltung aus. Vielmehr wird vermutet, daß die Hühner – oder besser die Hähne – deshalb zuerst das Interesse des Menschen weckten, weil er mit ihnen die auch heute noch im Ursprungsgebiet berühmten und für uns berüchtigten Hahnenkämpfe durchführen konnte. Als weiterer möglicher Grund wurde die Eigenschaft des Hahnes ange-

Bankivahuhn. Aus: Risler, Zucht- und Rassekundlicher Bilder-Atlas des Geflügels. Verlag Oertel und Spörer, Reutlingen 1954.

sehen, daß er gleich einer Weckuhr durch seinen Schrei unbeirrbar den nahenden Morgen verkündet. Endgültige Gewißheit darüber, welcher der beiden Gründe der ausschlaggebende für die Domestikation des Haushuhnes war, werden wir wohl nie gewinnen, doch scheint soviel gewiß, daß der Hahn als Turniersportler des kleinen Mannes sehr früh auftrat und sich bis heute gehalten hat, der Hahn als Uhr im Altertum und im Mittelalter eine herausragende, von dem modernen Menschen nicht mehr nachvollziehbare Bedeutung hatte. Ja sogar bis in das 20. Jahrhundert hinein hat sich diese Funktion etwa im Orient erhalten, wenn wir an die Kamelkarawanen denken, die stets einen Hahn mit sich führten, damit sie rechtzeitig aufbrechen konnten, um noch die kühlen Stunden des neuen Tages zu nützen.

Es erscheint einleuchtend, daß der Hahn aufgrund dieser Eigenschaft im Altertum eine so hohe mythologische Stellung erlangte, ja erlangen mußte. Schließlich finden wir sein Abbild auch heute noch auf manchem alten Kirchturm. Doch dient er dort heute allenfalls als Zierde oder Windrichtungsanzeiger, und nicht mehr als Abwehrer (alektor) der bösen Geister.

Dafür hat sein weibliches Pendant inzwischen eine umso größere wirtschaftliche Bedeutung erlangt als Eier- oder Fleischlieferant. Die jüngste Tierschutzdiskussion hat ihm sogar zu einer gewissen symbolischen Berühmtheit verholfen. Kulturgeschichtlich ist der Hahn tot, es lebe sein Weib, das Huhn.

Abstammungstheorien

Bankivahuhn – Sonneratshuhn – Lafayettehuhn – Gabelschwanzhuhn sind Namen, mit denen nicht jeder gleich etwas anfangen kann, der sich für Hühner interessiert, doch sind es die klangvollen Namen der vermuteten Vorfahren unserer heutigen Haushuhnrassen.

Darwin, der von sich sagte, fast alle englischen Rassen seiner Zeit gehalten, gezüchtet und erforscht zu haben, erschien es als sicher, daß das domestizierte Huhn von dem in Indien beheimateten Bankivahuhn *(gallus bankiva)* abstammt. Sein Hauptargument war, daß nur Kreuzungen zwischen Bankiva- und Haushuhn fruchtbar seien. Heute wissen wir, daß auch Kreuzungen mit anderen Wildhühnern fruchtbare Nachkommen erbringen können. Dennoch wird das Bankivahuhn unter vier möglichen Stammarten als wilde Hauptstammform betrachtet. Als andere Stammformen gelten noch

- das Sonnerathuhn *(Gallus sonnerati)*
- das Ceylonhuhn oder Lafayettehuhn *(Gallus lafayetti)*
- das Gabelschwanzhuhn *(Gallus varius)*

Die Größe des Bankivahuhnes entspricht etwa der unserer gängigen Zwergrassen. Der Hahn kräht wie unser Hausgockel und zeugt mit der Haushenne unbegrenzt fruchtbare Nachkommen. Das Bankivahuhn lebt in den Wäldern vor den Südhängen des Himalayagebirges bis Indochina und den Sundainseln und ernährt sich von Insekten, Larven, Knospen, Würmern und allerlei Sämereien. Die Henne legt 8 bis 12 Eier in eine Bodenmulde, die sie mit Gras und Laub zu einem Nest auspolstert.

Als Verbreitungsgebiete für die drei anderen Stammformen gelten Ceylon für das gleichnamige Ceylonhuhn, der südliche Teil des Ghat-Gebirges des vorderindischen Hochlands für das Sonnerathuhn und Südostchina sowie die Malaiischen Inseln für das Gabelschwanzhuhn.

Geeignete Rassen für die kleine Hühnerhaltung

Kleine Rassekunde

Die mittlerweile etwa 150 Hühnerrassen, die wir heute kennen, sind – wie viele Rassen anderer Tierarten auch – auf die Gestaltungsfreudigkeit des Menschen zurückzuführen. Denn neben rein ökonomischen Interessen hat sicherlich die Freude, dem lieben Gott ins Handwerk zu pfuschen, ein gerüttelt Maß Anteil an der heutigen Vielfalt der Erscheinungsformen unseres Haushuhnes. Will man diese Vielfalt ordnen und in einen überschaubaren Rahmen stellen, sollte man zunächst unterscheiden:

- Großrassen ohne Absonderheiten
- Großrassen mit Absonderheiten
- Urzwerge und Verzwergte

Innerhalb dieser drei Gruppen unterscheidet man vom „Exterieur" her allgemein drei verschiedene Typen; und zwar

1. den Bankiva- oder Landhuhntyp

Dieser Typus zeichnet sich durch einen rechteckigen, eher walzenförmigen Körperbau aus, mit flachem Rücken und winklig angesetztem Hals und Schwanz; er besitzt weiße Ohrscheiben; ein glattes, geschlossenes Gefieder und mittelhohe, unbefiederte Läufe; der Schwanz des Hahnes ist langbesichelt; die Haut- und Eierfarbe ist weiß.

2. den Cochintyp

Er zeichnet sich aus durch einen massigen Körper mit kurzem Rücken und breitem zum Schwanz hin ansteigenden Sattelkissen; der Schwanz ist kurz, stumpf und nur leicht besichelt; das Gefieder ist gut entwickelt und dicht bis bauschig; die Ohrscheiben sind bei diesem Typus rot; die Körperhaut und die Eifarbe gelb.

3. den Malaientyp

Der Körper dieses Typus ähnelt dem seines Produktes, dem Ei; die Brust wird hoch getragen; das Gefieder ist hart und eng anliegend; der Rücken ist abfallend und wird im Sattel schmal; der Hals ist sehr lang und wird aufrecht getragen; die Ständer sind sehr hoch und unbefiedert, dabei auffallend die starke Besporung; die Ohrscheiben sind rot, die Körperhaut und Eifarbe gelb.

Zwischenformen

Daneben existieren heute zahlreiche Zwischenformen mit mehr oder weniger starkem Einschlag der verschiedenen drei Typen. Für unsere heutigen Nutzgeflügelrassen sind dabei wohl die beiden unter 1. und 2. genannten Typen von herausragender Bedeutung, während der Malaientyp einen besonderen Typus als Kämpfer verkörpert, dessen seit Jahrhunderten unverändert vererbte Merkmale bei den für uns Westeuropäer berüchtigten Hahnenkämpfen blutig zum Tragen kommen.

Lassen wir den für uns nicht sehr bedeutsamen Malaientyp einmal außer acht, können wir bei den Rassen der beiden anderen Typen eine Vielzahl von Formen und Farben unterscheiden; so z.B. bei den im Bankivatyp stehenden Rassen die einfachkämmigen und rosenkämmigen Landhühner. Zu den ersteren zählen etwa die Italiener und die weltbekannten Leghorns, zu den rosenkämmigen unter anderen die Hamburger und die Rheinländer. In der Nutzgeflügelzucht werden sie unter dem Begriff der „leichten Legerassen“ geführt.

Reine Cochins spielen bei unserem Nutzgeflügel nur eine untergeordnete Rolle; allenfalls die stark im Cochintyp stehenden Züchtungen wie Deutsche Langschan, Brahma oder Orpington. Diese ausgesprochen massigen Tiere mit hoher Fleischausbeute werden gemeinhin in die Kategorie der „schweren Rassen“ eingereiht. Allerdings finden wir einen hohen Anteil ihres Blutes in den Zuchtkreationen der sogenannten „mittelschweren Rassen“, die inzwischen zahlenmäßig und wirtschaftlich gesehen den bedeutendsten Faktor in der Nutzgeflügelhaltung darstellen. Zu ihnen zählen beispielsweise die bekannten Rhodeländer, die Plymouth Rocks, die New Hampshires, die Wyandotten, die Sussex, die Blausperber und die Lachshühner.

Nicht unerwähnt bleiben dürfen an dieser Stelle die reichhaltigen Formen an Mutations- und Zwergrassen. Zu den ersteren zählen Schopf-, Hauben- und Barthühner, Nackthälse, Lockenhühner, Seidenhühner und andere mehr. Sie sind wie viele der Zwergrassen der Stolz der Hobby- und Rassegeflügelzüchter. Bei den Zwergrassen unterscheidet man Urzwerge und Verzwergte. Dabei ist der Anteil der echten Zwerge sehr klein. Die verzwergten Rassen sind aus Kreuzungen zwischen Großrassen und echten Zwergen (Urzwergen) entstanden; zusätzlich wurden die Kreuzungen dann noch auf schwachwüchsige Typen selektiert. Daher findet man häufig Rassen, die in einer Groß- und einer Zwergform existieren.

Geeignete Rassen

Für den mit Hühnern noch unerfahrenen Leser wird die zuvor gegebene Aufteilung in Typen und Rassen zunächst verwirrend erscheinen. Die Entscheidung, welche Rasse aus dem reichen Genvorrat der Züchtungen für ihn die geeignetste sein mag, muß er aus praktischen Erwägungen treffen. Dazu sollte er für sich selbst die Fragen beantworten, in welcher Form er seine Tiere nutzen will, wie es um die Platzverhältnisse bestellt ist und schließlich auch, welche Rasse vom Temperament und äußeren Erscheinungsbild her seinem persönlichen Geschmack am nächsten kommt. Dabei können wir zunächst einmal davon ausgehen, daß sich grundsätzlich alle in unseren Breiten gezüchteten Hühnerrassen, und dazu zählen auch schon fast in Vergessenheit geratene Landrassen, für eine Haltung mit Auslauf eignen: sie sind ausreichend wetterhart und zumeist gewillt, sich einen Teil ihrer Nahrung im Freien selbst zu suchen. Vor diesem Hintergrund und in Anbetracht der nahezu 150 Rassen können wir im folgenden nur beispielhaft einige Rassen aufzählen.

Für einen Gesamtüberblick über die derzeit anerkannten Rassen gibt es einschlägige Fachliteratur oder Auskunft bei den örtlichen Rasse-Geflügel- bzw. Kleintierzuchtvereinen. Doch nun zur konkreten Auswahl unserer künftigen Schützlinge.

Auswahl nach Nutzungsarten

Eier

Wer gern ein leichtes, lebhaftes Huhn mit großem Bewegungsdrang hat, hauptsächlich Wert auf viele Eier und weniger auf einen ordentlichen Sonntagsbraten legt, sollte sich für eine leichte Legerasse entscheiden. Dazu gehören – wie zuvor schon einmal erwähnt – die „Rheinländer“, die aus der Eifel stammend seit der Jahrhundertwende rassemäßig gezüchtet werden. Sie sind ausgesprochen wetterhart. In der Rassebeschreibung werden sie als typische, derbe und gedrungene Landhuhnform mit Rosenkamm angesprochen. Im ersten Jahr kann man mit 180 Eiern, im zweiten mit 160 und im dritten mit etwa 130 weißschaligen Eiern rechnen. Ein sehr typisches Landhuhn, wie wir es auch in vielen Kinderbüchern abgebildet finden, ist das rebhuhnfarbene „Italienerhuhn“ mit einfachem Kamm. Es präsentiert sich etwas edler als das „Rheinländerhuhn“ und gilt als nicht so robust und wetterhart wie dieses. Für gemäßigtes Klima in Mitteleuropa ist es jedoch durchaus geeignet. Die Legeleistung ist etwa gleich gut. Andere bekannte Vertreter des leichten Landhuhntyps sind:

Altsteirer
Brakel
Deutsche Sperber
Hamburger
Kraienköppe
Lakenfelder
Leghorn (reine Wirtschaftsrasse)
Minorka
Ostfriesische Möwen
Thüringer Brathühner
Westfälische Totleger

Gemeinsame Erkennungsmerkmale:
Leichter Körperbau, weiße Ohrscheiben, gelbe Beine, geringer Bruttrieb, weiße Eier.

Fleisch

Steht uns der Sinn vor allem nach zartem, weißen Fleisch, müssen wir uns auf die schweren Exemplare der Hühnerzunft besinnen. Die meisten Rassen dieser Kategorie stehen im bereits erwähnten Cochintyp und sind sehr beeindruckende Erscheinungen. Endgewichte von 5–5,5 kg Lebendgewicht sind hier bei ausgewachsenen Hähnen keine Seltenheit. Auch die Hennen sind mit bis zu 4,5 kg Lebendgewicht nicht gerade als leichte Mädchen anzusehen. Ein solcher Braten im Topf macht eine 4- bis 5köpfige Familie satt – kein Vergleich mit unseren auf Ein- bis Zwei-Personenhaushalte konzipierten Supermarkthähnchen. Aber nicht nur die „Cochins“ und daraus entstandene Kreuzungen haben diese Riesenhühner hervorgebracht. Auch bei den „Dorkings“, einer englischen Rasse in typischer Landhuhnform, bringt ein alter Hahn immerhin bis zu 4,5 kg auf die Waage. Eier legen unsere Schwergewichtler natürlich auch, jedoch in wesentlich geringerer Zahl als die leichten Rassen. Bei den „Dorkings“ sind sie entsprechend ihrer Herkunft (Bankivatyp) ausnahmsweise weiß, bei den übrigen nachfolgend genannten von gelbroter oder braungelber bis gelber Farbe:

Brahma
Cochins
Deutsche Langschan
Orpington

Gemeinsame Erkennungsmerkmale: Massiger Körperbau, Ohrscheiben bzw. -lappen rot, zuverlässiger Bruttrieb, gelb- bis braunschalige Eier.

Eier und Fleisch

Der Mensch wäre nicht er selbst, wollte er nicht beides, Eier und Fleisch. So finden wir denn auch beim Nutzgeflügel die sogenannten »Zwiehühner“ als Vertreter der mittelschweren Rasse am häufigsten vor. Die meisten von ihnen sind Kreuzungsprodukte der leichten Legerassen mit schweren Fleischhühnern. Zu ihnen zählen etwa die »Sussex“, ein alter Landhuhnschlag aus Südengland. Die Hennen dieser Rasse bringen es gemeinhin auf 160 gelbe bis gelbbraune Eier im ersten Jahre und 130 im zweiten. Länger sollte man sie auch gar nicht nutzen, um das Fleisch noch ordentlich verwerten zu können. Ein ausgewachsener Hahn wird bis zu 4 kg schwer, eine Henne etwa 3 kg.

Eine andere sehr typische Rasse des mittelschweren Huhnes mit ausgesprochen hohem Anteil Cochinblut sind die Wyandotten. Ihr volles weiches Gefieder mag die Züchter inspiriert haben, immer neue Farbschläge zu züchten. Daher finden wir sie – wie viele andere auch – in weiß, in gelb, gesperbert, silberfarben, rebhuhnfarben bis hin zu schwarz. In jedem Fall haben wir bei diesen Zwiehühnern die größte Auswahl an geeigneten Tieren für unsere kleine Hühnerhaltung vor uns. Die wichtigsten seien nachstehend aufgeführt:

Australorps
Barnefelder
Blausperber*
Deutsche Reichshühner
Dominikaner
Dresdener Hühner
Lachshühner
New Hampshire*
Niederrheiner
Plymouth Rocks*
Rhodeländer*
Sachsenhühner
Sulmtaler
Sundheimer
Sussex*
Vorwerkhühner
Welsumer
Wyandotten

Gemeinsame Erkennungsmerkmale:
Kräftige Statur, rote Ohrscheiben, zumeist gelbe Beine, vielfach zuverlässiger Bruttrieb, braunschalige Eier.

Bruthennen

Die mittelschweren Rassen beherbergen eine große Anzahl zuverlässiger Brüterinnen in ihren Reihen, während bei den leichten Rassen nur ganz vereinzelt eine ordentlich brütende Glucke aufzutreiben ist. Wer sich jedoch auf eine leichte Rasse festgelegt hat und trotzdem die Nachzucht natürlich erbrüten und aufziehen will, dem sei empfohlen, ein oder zwei Hennen der mittelschweren oder gar schweren Rasse zu halten, denen man die Nachzucht anvertraut. Gute Brüterinnen bei den mittelschweren Rassen finden wir u.a. bei den Australorps, Barneveldern, Lachshühnern, Plymouth Rocks, Sundheimern (sichere Frühbrüter), Sussex und Vorwerkhühnern. Bei den Wyandotten ist der Bruttrieb je nach Farbschlag sehr verschieden ausgeprägt. Ist er jedoch vorhanden, brüten sie sehr zuverlässig; beim rebhuhnfarbenen Schlag gilt die früh einsetzende Brut sogar als Rassemerkmal. Die Vertreterinnen der schweren Rassen brüten allesamt zuverlässig und haben darüberhinaus den Vorteil, daß man ihnen eine entsprechende Portion Eier mehr unterlegen kann.

Bei den leichten Legerassen ist – wie schon erwähnt – der Bruttrieb durchweg sehr schwach ausgeprägt; so auch bei den reinen Wirtschaftsrassen, wie den Leghorns und den heute in der gewerblichen Eierproduktion vorwiegend verwendeten Legehybriden, was den Eierproduzenten sehr entgegenkommt, da brütige Hennen keine Eier legen. Allerdings, und das sei am Schluß dieses Abschnittes noch erwähnt, sollten wir von unseren Landhühnern mit Blick auf die Lege- und Mastleistung keine Wunderdinge erwarten. Dem hochgezüchteten Wirtschaftsgeflügel sind sie leistungsmäßig weit unterlegen. Gezüchtet oder besser gekreuzt aus reinen Inzuchtlinien zwischen zumeist einer Lege- und einer Mastrasse, vollbringen diese sogenannten Hybriden „übermenschliches". Innerhalb von knapp 20 Jahren wurde z.B. ihre Legeleistung von etwa 130 auf etwa 260 Eiern pro Tier und Jahr verdoppelt; das allerdings durch Ausnutzung des Kreuzungserfolgs bei sorgsam ausgetüfteltem Haltungssystem und hochwertigen Futterrationen.

Auswahl nach Platzverhältnissen

Auf die konkreten Zahlen am Platzbedarf der Hühner für den Stall und den Auslauf werden wir in Kapitel 4 noch näher eingehen. Hier wollen wir nur ein paar grundsätzliche Dinge als weitere Entscheidungshilfe herausstellen.

Als Faustregel kann gelten, je größer das Huhn, umso mehr Platz ist vonnöten. Innerhalb dieses recht groß abgesteckten Spielraumes sind jedoch noch viele Dinge zu bedenken, die nicht in das vorgegebene

Gewichtsschema passen wollen. Zum einen sind die Gewichts- und Größenunterschiede etwa zwischen leichten Legerassen und mittelschweren Rassen oder zwischen diesen und den schweren Rassen mitunter fließend, zum anderen zeichnen sich innerhalb einer Kategorie die verschiedenen Rassen durch ein stark abweichendes Temperament aus. Die Frage des Temperaments ist daher in vielen Fällen für den Platzbedarf der Tiere weit ausschlaggebender als die Zugehörigkeit zu einer der drei Kategorien. Man mache sich daher in der einschlägigen Fachliteratur oder bei den ortsansässigen Geflügelzuchtvereinen über dieses Thema kundig, bevor man die Frage des Platzangebotes – bzw. -bedarfs entscheidet. So müßte man etwa den Dresdener Hühnern, aus der mittelschweren Kategorie stammend und mit viel Temperament bestückt, den gleichen Bewegungsraum zubilligen wie den Dorkings, als Vertreter der schweren Zunft, denen ein sehr ruhiges Temperament nachgesagt wird. Auch innerhalb einer Kategorie gibt es große Unterschiede in dieser Hinsicht; denken wir etwa bei den leichten Legerassen an die Krüper mit ihren kurzen Beinen und ihrem zutraulichen Wesen, die sicherlich mit weniger Platz zufrieden sind als die als äußerst lebhaft geltenden Italiener.

Einfacher wird die Entscheidung, wenn wir uns überlegen, ob wir statt einer Großrasse lieber eine Zwergrasse oder eine von den Großrassen abgeleitete verzwergte Rasse halten sollen. Hier können wir in unseren Platzkalkulationen getrost um ein Drittel, in manchen Fällen gar um die Hälfte zurückgehen. Rechnen wir bei einer mittelschweren Großrasse mit 3 bis 4 Tieren pro Quadratmeter Stallraum, so könnten wir auf derselben Grundfläche im Extremfall 6 bis 8 Tiere der Zwergform dieser Rasse unterbringen bzw. den Stallraum für 3 bis 4 Zwerghühner entsprechend kleiner auslegen.

Auswahl nach persönlichem Geschmack

Hier echte Entscheidungskriterien an die Hand zu geben, fällt schwer. Denn – über Geschmack läßt sich ja bekanntlich nicht streiten. Es sei daher lediglich der Rat erlaubt, daß sich ein vernünftiger Kleinhühnerhalter wenn nicht schon an dem zu erwartenden Nutzen, dann doch zuerst im Interesse der Tiere an den gegebenen Platzverhältnissen orientiert. So wird er aus den noch für seine Auswahl verbleibenden Rassen mit ruhigem Gewissen die für ihn schönste und angenehmste Form des Huhnes hegen und pflegen können.

Ein Tip zum Schluß: Wer sich nicht entscheiden kann, dem bleibt ja noch die Möglichkeit, Individuen verschiedener Rassen und Farbschläge zu mischen und sich so an einer bunten Schar zu erfreuen. Darüberhinaus kann es für manchen sehr reizvoll sein, im Laufe seines Hühnerhalterdaseins selbst Versuche anzustellen und so zumeist unerwartet schöne Hühnervariationen zu „produzieren“.

Der Körperbau des Huhns und die Funktion seiner Organe

Auch der kleine Geflügelhalter sollte über den Bau und die Form der Körperteile und über die einzelnen Lebensvorgänge seiner Schützlinge Grundkenntnisse besitzen. Wichtig ist dieses Wissen insbesondere für das Erkennen und Behandeln von typischen Hühnerkrankheiten aber auch für eine sachgemäße Haltung allgemein. Vorausgesetzt werden darf wohl vor allem bei dem Halter einer kleinen Hühnerherde, der einen Großteil seiner Freizeit lebendigen Wesen widmet, daß er aus eben diesem Interesse heraus für Informationen über die natürlichen Lebensvorgänge aufgeschlossen ist.

Einige Zahlen

Körpergewicht (je nach Rasse)	1,5–4,5 kg
Körpertemperatur	40–43 °C
Herzschläge	350–470 pro Minute
Atemzüge	20–40 pro Minute
Blutmenge	6,5–8% des Körpergewichts
Alter der Henne bei Geschlechtsreife	5½ Monate
Alter des Hahnes bei Geschlechtsreife	5 Monate

Sind wir nicht ein prachtvolles Team?

Wie wir sicherlich noch aus dem Biologieunterricht wissen, ist die Zelle der kleinste lebende Bauteil eines Lebewesens, so auch des Huhnes. Sie ist Zelleib mit dem Zellinhalt, der vorwiegend aus Eiweiß und vielen anderen Stoffen besteht, und dem Zellkern, der die Erbanlagen trägt. Mehrere zu einer Funktionseinheit aneinandergelagerte Zellen bezeichnet man als Zellgewebe, wobei vier verschiedene Gewebe unterschieden werden, das Bindegewebe, das Muskelgewebe, das Epithelgewebe und das Blut. Mehrere Zellgewebe bilden die Organe. Das harmonische Zusammenspiel der Organe ergibt schließlich den lebenden Körper. Ist das Lebewesen ausgewachsen, hört die Zellvermehrung auf. Von diesem Zeitpunkt an werden nur noch abgenutzte und schließlich abgestorbene Zellen durch neue ersetzt. Ein schönes plastisches Beispiel dafür ist die Mauser bei den Vögeln oder die Häutung bei Reptilien. Analoge Vorgänge finden sich auch bei den inneren für uns nicht sichtbaren Lebensvorgängen.

Wollen wir nun unser Haushuhn in seiner Ganzheit erfassen und verstehen lernen, so sollten wir unsere Betrachtung mit dem Äußeren beginnen und uns allmählich in kompliziertere Strukturen und Vorgänge im Innern des Hühnerkörpers hineindenken.

Das äußere Erscheinungsbild

Bei Gesprächen unter Hühnerhaltern, insbesondere bei den Rassegeflügelzüchtern, spielen die sichtbaren Körperteile und eigens dazu entwickelte Beurteilungskriterien eine entscheidende Rolle. Wollen wir also hier mitreden und unsere Tiere im Hinblick auf die wichtigsten, schon rein äußerlich erkennbaren Leistungsmerkmale beurteilen können, so sind nachstehende Informationen hilfreich.

Die Hauptkörperteile

Zur Beurteilung des Gesundheits- und Leistungszustandes, d.h. in der Fachsprache zum „Ansprechen" eines Einzeltieres, ziehen wir heran

- den Kopf mit Gesicht, Augen, Schnabel, Kamm und Kehllappen
- den Hals
- den Rücken, die Flügel und den Schwanz mit entsprechender Befiederung
- die Brust und den Bauch
- die Hintergliedmaßen mit Schenkeln, Ständern, Zehen und Sporen.

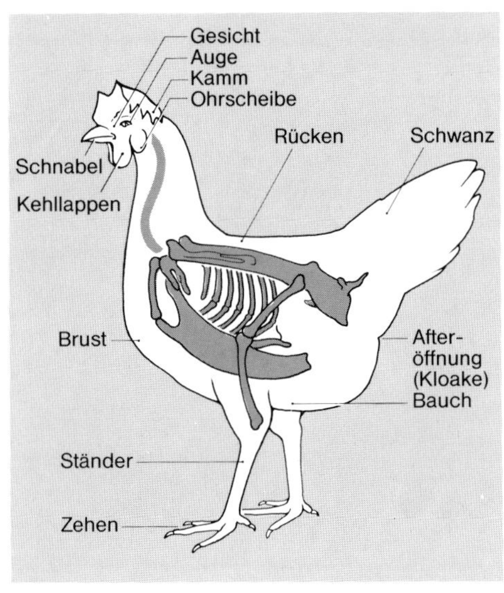

Die wichtigsten Körperteile des Haushuhnes.

Beurteilungskriterien für eine gute Legehenne

Der Kopf soll fein, schmal und weiblich erscheinen, der Schnabel kurz und kräftig, das Gesicht glatt und rot. Kamm und Kehllappen, die je nach Rasse groß oder klein ausgebildet werden, sollen gut durchblutet sein, die Augen hervortretend, groß und leuchtend.

Die Brust wünschen wir uns breit, tief und gut bemuskelt, den Legebauch weit und weich.

Eine gesunde Kloake (Afteröffnung) erscheint feucht, rosa gefärbt und faltenlos.

Gerade, weit gestellte Ständer (Beine) und kräftige Zehen mit eng anliegenden Schuppen runden das Erscheinungsbild positiv ab.

Gefieder

Schauen wir uns einmal eine Feder genauer an, so wird uns Mutter Natur ob des ausgeklügelten Aufbausystems einmal mehr ihre Bewunderung abnötigen. Führen wir uns vor Augen, welch wichtige Funktion das Federkleid für den Hühnervogel hat, so leuchtet uns ein, daß die Sorgfalt der Natur für diese Detaillösung nicht von ungefähr kommt.

Aufbau der Feder

Bei einer ersten oberflächlichen Betrachtung fallen als wesentliche Bestandteile zunächst der Federkiel und die sogenannte Fahne ins Auge. Der Kiel wiederum besteht aus einem unteren Teil, der Spule, und dem wesentlich längeren Schaft. Die Spule ist hohl, durchscheinend und mit ihrer nabelartigen Vertiefung, der Federpapille, in der Oberhaut des Huhnes verankert.

Der Schaft trägt beidseitig die Fahne. Diese wieder setzt sich aus einzelnen Ästen zusammen, die an ihren Rändern einen fein gegliederten Saum unzähliger, faserförmiger Strahlen besitzen. Am Ende dieser Strahlen schließlich befinden sich mikroskopisch kleine Häkchen, mit deren Hilfe sich dieselben zu der geschlossenen Federfahne verzahnen. Am unteren Teil der Fahne fehlen diese Häkchen. Dadurch erscheint die Feder an dieser Stelle daunenartig locker.

Federformen

Je nach Funktion und Aufbau unterscheiden wir zwischen Deck- oder Konturfedern, Flaum- oder Daunenfedern und Haar- oder Fadenfedern.

Die *Deckfedern* bilden das eigentliche Federkleid und damit den äußeren Kör-

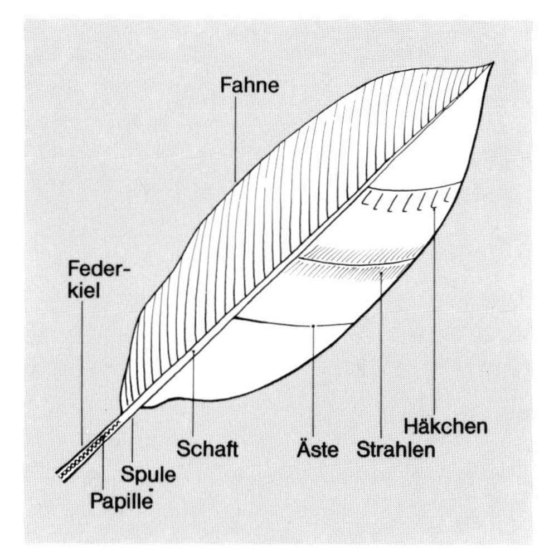

Die Feder ist trotz ihres zarten Aufbaues höchster Beanspruchung gewachsen – ein Wunderwerk der Natur.

perabschluß des Hühnervogels. Sie sind Schutz und Schirm gegen die Unbilden der Witterung, insbesondere die Nässe, und gegen Verletzungen. Dazu besitzen sie einen besonders steifen Schaft und eine festgefügte Fahne. Die Deckfedern am Flügel und am Schwanz bezeichnen wir wegen ihrer besonderen Funktion als Schwung- bzw. Steuerfedern.

Die *Daunenfedern* sind entsprechend ihrer andersartigen Bauweise und Aufgabe zart und locker. Ihr Kiel ist viel dünner und besitzt lange Äste mit feinen, fadenförmigen Strahlen, an denen die Häkchen fehlen. Sie befinden sich zwischen und unterhalb der Deckfedern und bieten unserem Huhn durch ihre lockere Bauweise und die dazwischenliegenden Luft-

polster einen ausgezeichneten Kälteschutz. Schließlich wäre ohne Daunenfedern auch das Brüten gar nicht möglich. Wer einmal genau eine sich zum Brüten anschickende Glucke beobachtet, wird feststellen, daß sie ihr Federkleid aufplustert und sich erst dann mit diesem luftgefüllten Mantel vorsichtig auf die Eier niederläßt. Denn nur mit Hilfe dieses Luftpolsters zwischen den weichen Daunenfedern vermag sie die erforderliche Bruttemperatur zu erzeugen und zu halten. Auch an kalten Tagen können wir diese Erscheinung bei Hühnern wie bei anderen Vögeln beobachten, wenn sie sich nämlich zum Schutz gegen die Kälte aufplustern und mit einem isolierenden Luftmantel zu umgeben suchen.

Bei Küken können wir manchmal verklebte Daunen sehen. Diese Erscheinung wird durch eine starke Verdickung der Federscheide hervorgerufen, die beim Abtrocknen des frisch geschlüpften Kükens nicht abgesprengt wurde, wodurch sich auch die Daunenfeder nicht normal entfaltet. Da diese Anomalie erblich ist, sollten wir diese Tiere kennzeichnen und möglichst nicht zur weiteren Zucht verwenden.

Die *Fadenfedern* schließlich besitzen einen sehr weichen Schaft und eine zurückgebildete Fahne, die zuweilen auch gänzlich fehlen kann. Wir finden sie zwischen den Deckfedern und vor allem am Schnabelgrund, an den Augen und Ohren und ganz besonders ausgeprägt bei manchen Rassen, wie etwa dem Seidenhuhn.

Wird es unseren Hühnern zu kalt, plustern sie ihr Gefieder auf und umgeben sich mit einem kälteschützenden Luftmantel. Das gleiche Prinzip wendet auch die Glucke an, um ihre Eier oder die Küken warm zu halten.

Federbildung

Entstehungsort der Feder, dieses für das Huhn und alle anderen Vögel so wichtigen und charakteristischen Körperteiles, ist die Federpapille, die auf der Oberfläche des Embryos – bei unserem Haushuhn bereits gegen Ende der ersten Brutwoche – als kegelförmige Erhebung sichtbar wird. Zwischen dem 12. und 13. Bruttag wächst die Feder aus der Federpapille zu ihrer vollen Größe heran und wird schließlich nach dem 15. bis 17. Tag als vollständig entwickelte Daune von der Federscheide allseitig umschlossen. Ist das Küken geschlüpft, platzt die Federscheide auf und fällt bei weiterer Austrocknung als der bekannte Kükenstaub ab. Dabei gibt sie die weichen Daunenfedern frei, die die Küken wie kleine lockere Federbällchen erscheinen lassen und Erwachsene wie Kinder in helles Entzücken versetzen.

Federwechsel

Während seines Heranwachsens und seines weiteren Lebens durchläuft das Huhn mehrere Befiederungsstadien. Nach dem Schlupf erhält das Küken zunächst das Daunengefieder. Danach entwickelt sich das Jugendkleid und schließlich um die 18. bis 20. Lebenswoche das Erwachsenengefieder. Damit hat es jedoch noch nicht sein Bewenden. Da das Federkleid einer starken Abnützung unterliegt, sei es durch die äußeren Witterungseinflüsse, sei es durch die starke Beanspruchung im Fluge, muß es von Zeit zu Zeit erneuert werden.

Mauser

Diesen Wechsel des gesamten Federkleides bezeichnen wir als Mauser. Sie tritt in der Regel nach 12- bis 15monatiger Legetätigkeit als sogenannte *Vollmauser* auf. Es handelt sich hierbei um einen natürlichen, aber sehr vielschichtigen physiologischen Vorgang, der dem Haarwechsel beim Säugetier entspricht. Beginn und Dauer der Mauser sind individuell sehr unterschiedlich. In unserem Klima tritt sie meist im Spätherbst oder Winter auf, wobei sie durch äußere Einflüsse wie Stallwechsel, Futterwechsel, Witterungsumschlag verzögert oder auch beschleunigt werden kann. Die Mauser dauert zwei bis drei Monate an, wobei fleißige und ausdauernde Legerinnen häufig die kürzesten Mauserperioden haben.

Der Ablauf des Federwechsels ist ebenfalls sehr verschieden. Bei manchen Tieren erfolgt er stufenweise, andere dagegen „entkleiden" sich durch einen fast gleichzeitigen Ausfall der Federn für eine gewisse Zeit nahezu vollkommen. In jedem Fall bedeutet die Mauser für die Tiere eine erhebliche körperliche Belastung. Sie haben während dieser Zeit ein kränkliches Aussehen, bekommen einen blassen, eingefallenen Kamm und legen keine Eier, ihre Legeorgane bilden sich sogar zurück.

Neben der beschriebenen Vollmauser kennen wir noch die sogenannte *Teil-* oder *Halsmauser,* bei der sich der Federwechsel auf die Halspartie beschränkt. Bei ausgewachsenen Hennen kann es beispielsweise nach einer anstrengenden Winterlegetätigkeit zu einer Halsmauser kommen, wobei die Tiere ihre Legetätigkeit jedoch meist nur für kurze Zeit unterbrechen.

Gefürchtet ist diese Erscheinung vor allem bei Junghennen, die sehr früh mit dem Legen begonnen haben, dabei aber nicht ausreichend ernährt wurden oder durch Haltung in überfüllten Ställen in ihrem Wohlbefinden beeinträchtigt waren.

Zum Schluß sei hier noch die *Zwangsmauser* erwähnt, die durch abrupten Futter-, Wasser- und Lichtentzug herbeigeführt werden kann. Ziel und Zweck dieser Maßnahmen ist die gemeinsame schnelle Mauser der gesamten Hühnerherde. Da jedoch nur solch drastische Entzugsmaßnahmen zum erhofften Erfolg führen, ist diese Methode sehr umstritten.

Kamm

Dieser Körperteil ist einer der auffälligsten äußerlichen Merkmale der Gattung Huhn. Je nach Rasse unterscheiden wir den Einfachkamm, den Rosenkamm, den Erbsen- und den Wulstkamm. Am häufigsten finden wir den *Einfachkamm,* der im übrigen auch die Hauptstammform des Haushuhnes, das Bankivahuhn, ziert. Aus dieser Kammform hat schließlich der Mensch die anderen Kammformen gezüchtet, indem er erblich bedingte „Ausrutscher" als

Kuriosum erhielt und weiter vermehrte. Dieses einfache Zuchtprinzip wurde natürlich auch für alle möglichen anderen Merkmale erfolgreich angewendet. Der Kamm eines Huhnes ist jedoch nicht allein Zierde und Rassemerkmal. Größe und Farbe sind stark den Einflüssen der Hormone unterworfen, wie wir am Beispiel der Glucke erfahren werden. Auch Fütterungs- und Haltungsfehler werden am Aussehen des Kammes offenbar. So zeigen ausschließlich im Stall gehaltene Tiere häufig große Schlappkämme. Man vermutet, daß die Vergrößerung der Kämme den Mangel an Sonnenlicht ausgleichen soll.

Großer Wert wird bei den Rassegeflügelhaltern auf eine einwandfreie und die für die spezielle Rasse genau definierte Beschaffenheit des Kammes gelegt. So mancher „Schlauberger" hat daher schon mal mit Schere und Messer versucht, der Natur ein wenig nachzuhelfen. Gott sei Dank wird diese Tierquälerei bei den Geflügelschauen von den geschulten Preisrichtern gleich erkannt und mit Ausstellungsverbot oder ähnlichen Sanktionen streng geahndet.

Die Kammform prägt als ein Rassemerkmal wesentlich das Gesicht eines Huhnes – Hier die vier wichtigsten Kammformen.

Kammformen

Der *Einfachkamm* soll fünf Zacken besitzen. Häufig kommen auch Nebenzacken, verschiedene Einbuchtungen und Verkümmerungen an der Kammfahne vor. Für die Legeleistung sind diese geringen Abweichungen vom Idealkamm nicht von Bedeutung. Wollen wir unsere Tiere jedoch als Rassegeflügel auf Schauen präsentieren, muß hier allerdings eine zusätzliche Zuchtauswahl erfolgen. Beim Hahn soll der Kamm aufrecht stehen. Bei der Henne darf er zu einer Seite überfallen. Bekannte Träger dieser Kammform sind Weiße Leghorn und Italiener.

Der *Rosenkamm* ist auf breitem Grund unten aufgesetzt und mit kleinen, gleichmäßig hohen Fleischknötchen (Perlung) bedeckt. Er läuft zum Hals hin in ein freistehendes Ende aus, den sogenannten Dorn. Vertreter dieser Kammform sind u.a. die Rassen Hamburger, Rheinländer und ein Schlag der Rhodeländer.

Der *Erbsenkamm* besteht aus drei Reihen perlenartig aneinandergereihten

Knötchen, wobei die mittlere Reihe erhaben hervortritt. Typische Vertreter dieser Variante sind Brahma und Indische Kämpfer.

Der *Wulstkamm,* auch *Nelken-* oder *Walnußkamm,* besteht aus einem ungegliederten Fleischknoten unterschiedlicher Stärke. Träger dieser zumeist bescheidenen Zierde sind Kraienköppe und Malaien.

Zu den auffälligen Besonderheiten zählen sicherlich der *Hörner-* und der *Geweihkamm,* die den französischen Rassen La Flèche bzw. Crève-coeur das Aussehen kleiner Teufelchen verleihen.

Schnabel

Nachdem die Natur im Laufe der stammesgeschichtlichen Entwicklung der Lebewesen bei den Vögeln die Vordergliedmaßen zu Flügeln umgebildet hat, kommt dem Schnabel als „Werkzeug" für die Futter- und Wasseraufnahme, den Nestbau und die Verteidigung eine besondere Bedeutung zu. Je nach Lebensweise der einzelnen Vogelarten hat er eine besondere Form, beim Raubvogel anders als beim Körnerfresser, beim Insektenjäger verschieden von dem des Allesfressers, bei Wasservögeln wieder anders als bei Landbewohnern, schließlich bei den Spechten gar zu einem echten Werkzeug ausgebildet. Sogar Schnabelformen, die wir bei unseren Haushühnern als Anomalien ansehen, wie etwa der Kreuzschnabel, kommen in der Natur funktionsbezogen als notwendige Abwandlung von der Normalität beim Fichtenkreuzschnabel vor. Diese abnorme Schnabelform, bei der der Oberschnabel quer über dem Unterschnabel liegt und die Schnabelspitze stark nach unten gekrümmt ist, kommt bei unserem Haushuhn recht häufig vor. Grund für diese Erscheinung ist in der Regel eine asymmetrische Ausbildung der Kiefer- und Nasenbeine. Tieren mit solchen Mißbildungen bereitet es Schwierigkeiten, Futter aufzupicken. Ihre Leistung kann dementsprechend stark eingeschränkt oder ihr Leben überhaupt gefährdet sein. Wir können ihnen helfen, wenn wir die Schnäbel stutzen und möglichst tiefe und gut gefüllte Futtergefäße vorsetzen. Da jedoch solche Tiere den Auslauf mit seinem reichgedeckten Tisch an Kerbtieren, Würmern, Sämereien und Grünzeug nicht optimal nutzen können, ist es am besten, sie frühzeitig aus der Herde zu entfernen und dem menschlichen Verzehr zuzuführen.

Sporen

Die Besporung an der Innenseite der Ständer ist normalerweise ein Merkmal für den Hahn, doch tragen gelegentlich auch ältere Hennen Sporen, was vermutlich an

Ein unverkennbar gesundes Exemplar ist diese hübsche Henne, die sich uns mit dunkelrotem Kamm, ebensolchen Kehllappen, feinem Gefieder und klaren Augen präsentiert. Ihren Mangel an Rasse versteht sie sehr wohl durch Charme zu ersetzen.

einem geringfügig geänderten Verhältnis der Geschlechtshormone liegt, etwa analog zum Damenbart beim Menschen. Der Spore hat einen knöchernen Kern, der von einem schwammigen Gewebe umgeben und einer verhornten Schicht bedeckt ist, die sich wie eine Kralle abnützt und neu bildet. Lange Sporen sind bei Zuchthähnen unerwünscht, weil die Gefahr besteht, daß sie beim Tretakt die Henne verletzen. Daher werden in diesen Fällen die Sporen gekürzt und mit Kalilauge eingerieben, um die Wiederbildung zu unterbinden. Bei manchen Hähnen finden wir auch doppelt ausgebildete Sporen, die in einer Linie unmittelbar untereinander am Ständer sitzen.

Der folgende kleine Abschnitt aus einem alten Lehrbuch zeigt, daß diese kleine Besonderheit der Hühner auch zu manchem Schwindel Anlaß gab:

„Das Alter eines Hahns läßt sich bekanntlich aus den Sporen ziemlich genau beurteilen, da indessen die Hühnerhändler verschiedene Ähnlichkeit mit den Pferdehändlern haben, so ist es auch schon vorgekommen, daß ein recht alter Hahn durch Abdrehen einiger Jahrgänge des Sporenansatzes, was mit einer Zange erfolgt, um mehrere Jahre scheinbar verjüngt worden ist."

Eine zumindest für uns Mitteleuropäer unrühmliche Rolle spielen die Sporen bei den professionellen Hahnenkämpfen in manchen Ländern, die dort eine ähnlich gewachsene Tradition wie die blutigen Stierkämpfe haben. Die Kampfhähne werden eigens für diesen blutigen „Sport" gezüchtet. Dabei genügt es manchen Kampfhahnbesitzern oder den Veranstaltern oft nicht mehr, wenn die Tiere sich mit ihren scharfen Sporen schwere Verletzungen zufügen. Sie binden ihnen zu allem Überfluß noch scharfgeschliffene Messerchen an die Sporen, um den blutigen Reiz für die Zuschauer und die Wettlustigen, denn um Geld geht es hier wie überall, zu erhöhen.

Das Skelett

Stammesgeschichtliche Betrachtung

Wir wissen heute, daß die Vögel aus den Reptilien hervorgegangen sind. Das wird durch die große Ähnlichkeit des Knochengerüstes der Vögel mit dem der schuppentragenden Reptilien belegt. Ähnlich den Archosauriern erwarben die Vögel schließlich im Laufe ihrer stammesgeschichtlichen Entwicklung die Fähigkeit, auf den Hinterbeinen zu gehen. Auch das Fliegen haben sie den Sauriern abgeschaut. Denn schon vor dem Urvogel, dem Archäopteryx, bevölkerten Flugsaurier mit Spannweiten gleich einem Segelflugzeug die Erde. Erst später tauchten flugtaugliche Lebewesen auf, die statt der Flughäute Flügel aus Federn besaßen und schließlich eine von den Reptilien getrennte Entwicklung nahmen. Während der Archäopteryx noch Zähne, Klauen, relativ schwere Knochen und ein primitives Gehirn besaß, sind unsere heutigen Vogelarten im Vergleich zu den Reptilien hoch-

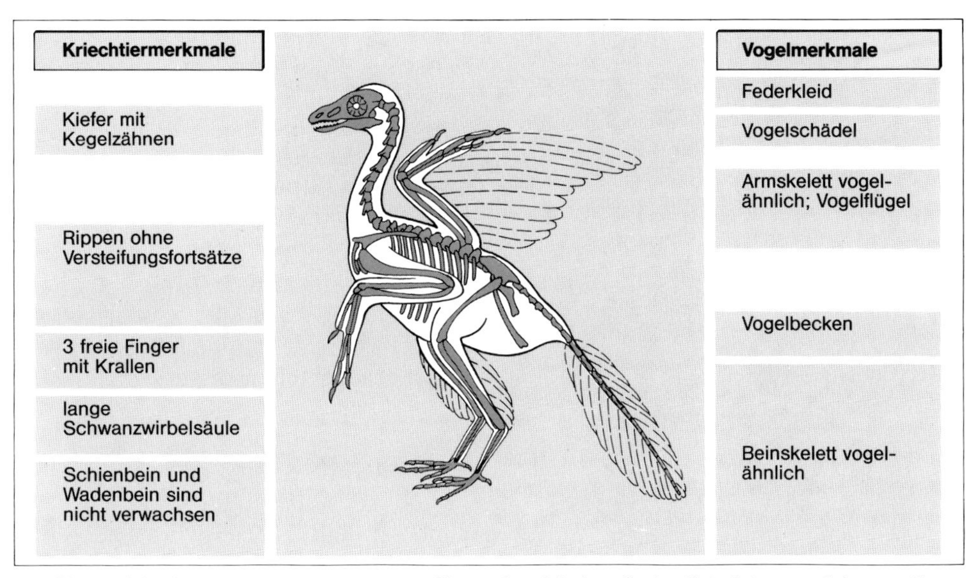

Der Urvogel Archäopteryx vereint in seinem Körperbau Merkmale der Kriechtiere und der aus ihnen hervorgegangenen Vögel.

spezialisierte und intelligente Tiere. Lange Zeit hatte der Mensch das Nachsehen, sah er die Vögel hoch am Himmel ihre Kreise ziehen. Das war nur möglich durch eine Jahrmillionen schrittweise Anpassung des Skeletts an die Erfordernisse der neuen Fortbewegungs- und Lebensart. Der Rumpf hat sich verkürzt, der lange Schwanz der Reptilien zurückgebildet, der Schädel wurde gedrungen bei gleichzeitiger Aufwertung des Inhalts – sprich Intelligenz – und die Knochen wurden zur Verringerung des Gewichts mit lufthaltigen Hohlräumen versehen. In der Klasse der heute lebenden Vogelarten gibt es wiederum je nach Lebens- und Ernährungsgewohnheiten sehr unterschiedliche Körperformen. Ein typischer Laufvogel etwa wie die europäische Trappe ist völlig anders gebaut als ein Mauersegler, der den größten Teil seines Lebens in der Luft zubringt und nur recht verkümmerte Fußwerkzeuge aufweist. Die Entenvögel besitzen einen speziellen Schnabel und haben zur Fortbewegung auf dem Wasser Schwimmhäute zwischen den Zehen. Unser Haushuhn ist wie die meisten anderen Hühnervögel zwar durchaus flugtauglich, doch hält es sich vorwiegend laufend und scharrend auf dem Boden auf und steigt nur im Notfall für kurze Strecken in die dritte Dimension auf. Daraufhin ausgebildet und angepaßt ist auch seine Körperform und insbesondere sein kräftiges Laufwerk.

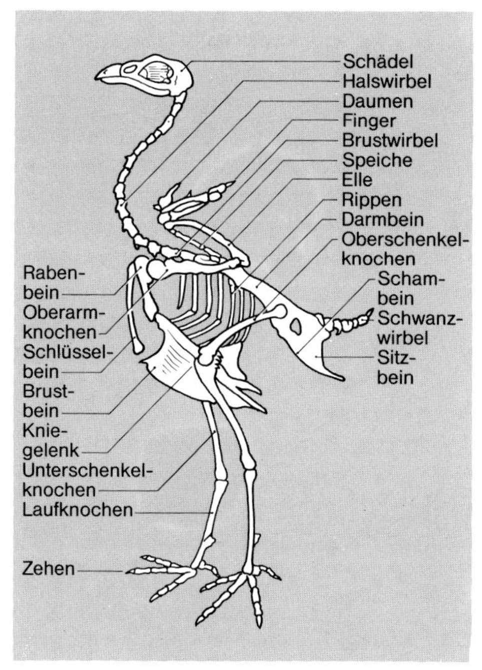

Das Skelett des Haushuhnes mit der Bezeichnung der wichtigsten Knochen.

Schädel

Die einzelnen Schädelknochen und -platten formen den charakteristischen Kopf des Huhnes mit den seitlich liegenden Augen, den kaum sichtbaren Ohren und dem Spitz zulaufenden Schnabel. Der Kopf enthält und schützt das Gehirn und die Sinnesorgane. Die Zoologen unterscheiden nach diesen Funktionen auch den sogenannten Hirnschädel und den Gesichtsschädel, dessen Umfang im wesentlichen durch Form und Größe des Schnabels gekennzeichnet ist und der beim Körnerfresser wie dem Huhn oder beim Wassergeflügel wie der Ente den umfangreicheren Teil des Kopfes ausmacht.

In den *Hirnschädel,* der wie eine große gebogene Platte erscheint, ist das Zentralnervensystem, sprich Gehirn, eingebettet.

Der *Gesichtsschädel* mit dem Schnabel als prägendem Element ist Träger der Sinnesorgane, wie etwa der seitlich am Kopf angeordneten Augen, die wohl gepolstert in einer Fettschicht in den dafür vorgesehenen Schädelhöhlungen liegen.

Rumpfskelett

Zunächst sind 13 Halswirbel zu unterscheiden, die eine S-förmig angeordnete Halswirbelkette bilden. Durch diese Anordnung ist das Huhn leicht in der Lage, seinen Kopf auszubalancieren und Bewegungen nach allen Richtungen auszuführen. Das ist nicht nur wichtig für eine rechtzeitige Feinderkennung, sondern auch für eine ordnungsgemäße Gefiederpflege, die das Tier ja bekanntlich mit dem Schnabel vornimmt. Darüberhinaus ist der erste Wirbel, der sogenannte Atlas etwas kleiner und so ausgeführt, daß das Huhn imstande ist, seinen Kopf um 180° zu drehen. Dieses Phänomen gilt jedoch nicht allein für das Huhn. Rekordhalter in dieser Übung sind ja bekanntlich die Eulen, bei denen dem Zuschauer beim bloßen Hinsehen schwindlig werden kann.

Die sich anschließenden 7 Brustwirbel sind größtenteils knöchern untereinander und mit dem Beckenteil der Wirbelsäule verwachsen. Die 13 bis 14 Lenden- und Kreuzwirbel sind ebenfalls miteinander verschmolzen und bilden das eigentliche Becken. Den Abschluß der Wirbelsäule bilden 6 Schwanzwirbel, wobei der letzte recht groß ausfällt und plattenförmig ausgebildet ist. Damit bietet er der Schwanzmuskulatur für ihre Steuerfunktion einen ausgezeichneten Ansatzpunkt.

Entsprechend der Anzahl der Brustwirbel besitzt unser Huhn 7 Rippenpaare, die zusammen mit dem kräftigen Brustbein den Brustkorb bilden, der die inneren Organe und Eingeweide schützt. Das Brustbein selbst ist der größte Knochen des Skeletts und gleicht einem mächtigen Schutzschild mit einem an der Unterseite genau in der Mitte verlaufenden Kamm oder Kiel. Letzterer ist ein hervorragender Ansatzpunkt für die kräftigen Flugmuskeln. Allerdings kommen bei diesem wichtigen Knochen oft Verbiegungen und Verunstaltungen vor. Teils sind diese erblich bedingt, teils auf Fehler in der Ernährung (z.B. Calcium- oder Vitamin-D-Mangel) oder in der Haltung zurückzuführen. So sollte man es vermeiden, die jungen Hühner zu früh, d.h. in ihrer Wachstumsphase, schon an Sitzstangen zu gewöhnen, da das häufige Auf- und Abspringen derartige Deformationen am Brustbein fördert.

Der Teil des Beckens, in dem sich bei der Henne der Eierstock und das Legeorgan befindet, wird von den miteinander verwachsenen Darm-, Sitz- und Schambeinen gebildet. Die Entfernung der beiden letzteren „Beine“, auch Legeknochen genannt, lassen ein relativ gesichertes Urteil über die Legeleistung einer Henne zu. Mit ein wenig Übung werden wir also bald unter unseren Herdentieren durch einen prüfenden Griff zwischen die Legeknochen die vermutlich besten Legerinnen ausfindig machen können. Bei dieser Prüfung sollte man jedoch behutsam vorgehen.

Gliedmaßenknochen

Bleiben wir noch im Bereich des Beckens, so sehen wir, daß in der Gelenkpfanne des Darmbeines von außen nicht sichtbar der Oberschenkelknochen angesetzt ist, der über das Kniegelenk mit dem Unterschenkel verbunden ist. Die sich anschließen-

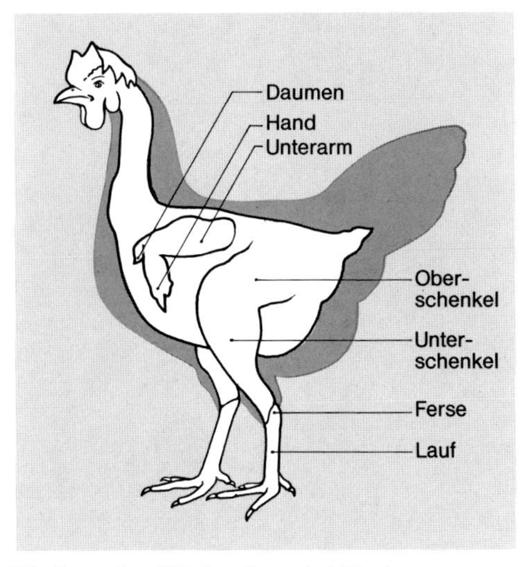

Die Lage der Gliedmaßen wird für den Betrachter besonders deutlich, wenn sie – wie hier – in die Körperumrisse eingebettet dargestellt werden.

den Fußwurzel- und Mittelfußknochen sind zu einem kräftigen Laufknochen miteinander verschmolzen und werden fälschlicherweise oft als Unterschenkel angesehen. Dieser Eindruck drängt sich dem unbeteiligten Beobachter zunächst auch auf, weil der Oberschenkel nicht sichtbar und auch das Knie vom Federkleid bedeckt ist. Der Laufknochen schließlich ist über Gelenke mit den Zehen verbunden. Die meisten Hühnerrassen besitzen 4 Zehen. Ausnahmen sind z.B. die Lockenhühner und die Seidenhühner, die von der Natur mit einem zusätzlichen Zeh bedacht wurden. Da die Zehen gekrümmt werden können, ohne daß besondere Muskeln bemüht werden müssen, kann das Huhn lange wach oder schlafend auf einem Ast oder einer Stange sitzen, ohne herabzufallen.

Die Vordergliedmaßen sind für die alternative Fortbewegungsmöglichkeit des Huhnes, das Fliegen, umgebildet. Sie werden durch den Schultergürtel mit dem Vogelkörper verbunden. Der Schultergürtel selbst besteht aus einem langen schmalen, dem Brustbein eng anliegenden Knochen, dem Schulterblatt, ferner dem Schlüsselbein und dem kräftig entwickelten Rabenbein. Alle drei genannten Knochen vereinigen sich in ihrem Schnittpunkt zu einer Gelenkpfanne und bilden den Dreh- und Angelpunkt für den Flügel. Diesen wiederum kann man als einen für eine spezielle Funktion umgerüsteten Arm bezeichnen mit einem kräftigen Oberarmknochen, einem aus Elle und Speiche bestehenden Unterarm und einer verkümmerten Hand mit drei zurückgebildeten Fingern einschließlich des Daumens, der mit einer kleinen Kralle versehen ist. Alles in allem stellt der vorgestellte Körperbau des Huhnes eine auf seine Lebens- und Ernährungsgewohnheiten hin ausgerichtete harmonische Einheit dar, aus Jahrmillionen heraus nach zufälligen Veränderungen des Erbgutes durch äußere Umwelteinflüsse zunächst unterstützt und schließlich optimiert. Stellen wir uns dagegen den Körperbau einer Katze vor mit ihrer langen, biegsamen Wirbelsäule, dem kurzen Hals, dem langen Schwanz und dem insgesamt niedrigen, gestreckten Körperbau, so haben wir die gleiche Harmonie vor uns, jedoch geprägt auf eine vollständig andere Lebensweise.

Doch wollen wir es mit dieser Feststellung beim Innenleben des Huhnes nicht bewenden lassen. Im nachfolgenden Abschnitt werden wir noch einige bemerkenswerte Dinge über unser kleines Haustier entdecken.

Die Sinne

Um verstehen zu können, wie unsere Hühner auf uns und ihre Umwelt reagieren, müssen wir wissen, wie ihre Sinne ausgeprägt sind, ob sie also mehr auf Augenreize als auf Geräusche ansprechen, ob sie Gerüche wahrnehmen können und wie es mit ihrem Geschmacks- und Tastvermögen bestellt ist. Mit dem Wissen um diese besonderen Eigenschaften werden so manchem die Augen geöffnet.

Sehen

Das Huhn besitzt wie die meisten Vögel ein sehr scharfes Auge, das allerdings ganz auf das rasche Erkennen in der Nähe befindlicher Gegenstände eingerichtet ist. Während gute Flieger wie Taube, Gans und Ente oder Steppenbewohner wie die Pute ein weites Gelände überblicken müssen, um geeignete Nahrungsvorkommen oder Feinde rechtzeitig erkennen zu können, ist das Huhn als ursprünglicher Urwald- und Gebüschbewohner auf scharfes Sehen in der unmittelbaren Umgebung angewiesen. Daher werden unsere Hühner Vorgänge, die sich in der Ferne, d.h. entfernter als etwa 50 m, abspielen, kaum noch beachten. Das räumliche Sehvermögen ist auf den Bereich eingeschränkt, in dem sich die Gesichtsfelder der beiden seitlich angeordneten Augen überschneiden. Die damit verbundene fehlende Tiefenwahrnehmung kann das Huhn bis zu einem gewissen Grad durch abwechselndes Fixieren mit dem linken und rechten Auge ersetzen, indem es den Kopf hin und her wendet oder sich dem Objekt seines Interesses im Zickzackgang nähert. Auch einen über ihm befindlichen Feind etwa in Gestalt eines Habichts kann der Hühnervogel nur durch Schrägstellen des Kopfes ausmachen. Bei dem unbedarften Beobachter mag diese Kopfstellung Belustigung hervorrufen, für das Huhn bedeutet sie Überleben.

Mancher hat sich schon gefragt, wie es mit dem Farbsehen bestellt ist. Farben kann das Huhn klar erkennen. Das haben wissenschaftliche Versuche erwiesen, doch läßt es sich von unterschiedlichen Helligkeitswerten stärker beeinflussen.

Bau des Auges

Aufgebaut ist das Auge des Huhnes im wesentlichen wie beim Säugetier. Der Augapfel ist druck- und stoßgesichert in Fettpolster eingelassen. Unterschiede bestehen lediglich in der Form des Augapfels, der mehr scheibenförmig ist und in der stärker gewölbten Hornhaut, die durch knöcherne Einlagerungen zusätzlich verstärkt wird. Schließlich ragt von der Eintrittsstelle des Sehnervs her in den hinter der Linse liegenden Glaskörper der sogenannte Kamm in diesen weit hinein. Er soll die Empfindlichkeit des Auges für sich bewegende Gegenstände erhöhen. Wichtig ist dies vor allem für das Erkennen und Erhaschen von fliegenden Insekten und von Kleinlebewesen in und unter der Grasdecke, Blättern und Büschen.

Als weiteres abweichendes Detail besitzt der Hühnervogel zusätzlich zum oberen und unteren Augenlid ein drittes diesen Namens, die Nickhaut, die vom inneren Augenwinkel her über das Auge gezogen werden kann. Sie hat vor allem eine Schutz- und Reinigungsfunktion.

Hören

Das Ohr des Haushuhnes entspricht in seiner Leistungsfähigkeit fast dem des Hundes. Dieser Umstand ist für einen Gebüschbewohner mit nur sehr begrenztem

Sichtfeld von großer Wichtigkeit. Denn Feinde werden in solchen Lebensbereichen eher an Geräuschen erkannt als sie ins Blickfeld des Opfers geraten.

Bereits vom 18. Bruttag an kann das Küken im Ei Laute wahrnehmen und wird darüberhinaus auf die Stimme seiner Mutter geprägt. Später, wenn die Glucke ihre Küchlein führt, erkennen die Kleinen die Glucktöne ihrer Mutter aus einer Entfernung bis etwa 15 Metern, während umgekehrt die Glucke bis zu 20 Metern Entfernung auf das Verlassenheitspiepsen ihrer Kinder reagiert. Allgemein wurde festgestellt, daß erwachsene Hühner wie Küken von vertrauten Tönen eher angelockt werden als durch bekannte Gesichtseindrücke. Probieren Sie es einmal. Sie werden sehen, selbst 50 m entfernte Tiere reagieren auf bekannte Lockrufe, die etwa frisches Futter und Wasser verheißen.

Bau des Ohres

Im Vergleich zu den Säugern fehlt den Vögeln, so auch unserem Haushuhn, das äußere Ohr oder die Ohrmuschel. Dafür schützt ein mit Federn dichtbesetzter Hautsaum den Eingang zum kurzen äußeren Gehörgang, der zum Trommelfell führt. Dieses ist nach außen gewölbt in einen geschlossenen Knochenring eingespannt. Die auf das Trommelfell auftreffenden Schwingungen werden über ein einfaches Gehörknöchelchen auf das innere Ohr mit seiner Flüssigkeit übertragen. Diese Flüssigkeit umspült das sogenannte Labyrinth, das aus den Bogengängen und der Schnecke besteht und das eigentliche Sinnesorgan für den Gehör- und Gleichgewichtssinn darstellt.

Schmecken

Der Geschmackssinn unseres Haushuhnes ist wie bei den übrigen körnerfressenden Vögeln nur sehr gering ausgebildet. Trotzdem kann es die vier grundlegenden Geschmacksqualitäten salzig, süß, sauer und bitter sehr wohl unterscheiden. Die Geschmacksknospen dazu befinden sich in der Schnabelhöhle, unter der Zunge, im Schlund und im Rachen. Aufgrund der geringen Geschmacksempfindung spielen die vier genannten Varianten bei der Wahl des Futters für das Huhn nur eine untergeordnete Rolle.

Das Huhn selektiert eher nach der Körnung des Futters, der äußeren Beschaffenheit wie hart, weich oder rauh. Darüberhinaus zeigt es sich gegenüber bitter schmeckenden Stoffen sehr unempfindlich, während es gegenüber sauer schmekkendem Futter durchaus ablehnend reagiert.

Tasten

Weitaus bedeutender bei der Wahl des Futters ist für unsere Schützlinge der Tastsinn. Zahlreiche Tastkörperchen sind in

Hühner verarbeiten organische Abfälle zuverlässig zu hochwertigem Kompost.

der Schnabelhöhle, auf der Zunge und am Zungenrand sowie im Rachenraum verteilt und vermitteln dem Tier Wahrnehmungen über Größe, Höhe, Härte und Oberflächenbeschaffenheit des Futters. So lernt der Vogel die für ihn bekömmlichen Futterstoffe förmlich zu ertasten. Aufgrund der gemachten Erfahrungen fällt es ihm im Laufe der Zeit leicht, genießbar von ungenießbar zu unterscheiden. Auch unsere Haushühner erwerben sich je nach Haltungsform einen solchen mehr oder weniger großen Erfahrungsschatz.

Neue Futtersorten oder das gleiche Futter in anderer Form dargereicht, erwecken zunächst Argwohn, schließlich Neugier und, wenns beliebt, auch nach einiger Zeit der Gewöhnung Wohlgefallen. Gebaut sind die Tastkörperchen in Form von kleinen Druckpolstern, die aus weichen, flüssigkeitsgefüllten Zellen bestehen. Wirkt nun etwa ein Getreidekorn auf dieses Druckpolster ein, wird der durch die Formveränderung der Zellen ausgelöste Reiz auf das anliegende Nervengewebe übertragen und der „Schaltzentrale“ entsprechend gemeldet.

Riechen

Der Geruchssinn ist wegen seiner geringen Bedeutung für unser Huhn auch am bescheidensten ausgebildet. Das Haushuhn gilt sogar als ausgesprochen geruchsstumpf was sich u.a. darin zeigt, daß Hühner Jauche trinken, an faulen Eiern picken und vergnügt im Mist scharren.

Das heißt aber nicht, daß wir es bei unseren Hühnern mit dem Tränkwasser und der Stalluft nicht so genau nehmen müßten. In der freien Wildbahn werden Hühnervögel kaum Gelegenheit haben, Jauche zu trinken oder über die Maßen Kot aufzunehmen. Auch die Luft ist unvergleichbar besser. Wir sollten uns immer vor Augen halten, daß verunreinigtes Futter und Wasser sowie schlechte Luft unsere Tiere krank machen, und zwar nicht weil es stinkt, sondern weil sich dort gefährliche Krankheitserreger aufhalten und ideale Wachstumsbedingungen vorfinden.

Die Atmung

Die Atmung der Vögel ist sehr verschieden von der der Säugetiere. Während bei den Säugern der Austausch der verbrauchten und der neuen Luft in den Lungenbläschen der Lunge stattfindet, wird bei den Vögeln die angesaugte unverbrauchte Luft durch die Lunge hindurch in die Luftsäcke getrieben und über Ausläufer, die überall in den Vogelkörper hineinreichen, bis in die lufthaltigen Knochen transportiert. Beim Rücktransport aus den entlegenen Teilen des Körpers durch die Lunge gibt die Luft noch einmal Sauerstoff ab. Durch dieses Durchströmungsprinzip in Verbindung mit den Luftsäcken steht dem Vogelkörper für seine Lebensaktivitäten, also für die Verbrennungsvorgänge im Körper, erheblich mehr Sauerstoff und damit auch mehr Energie zur Verfügung. Die

Körpertemperatur liegt mit 40–43 °C auch entsprechend höher als bei den Säugern, die ja bekanntlich bei hohem Fieber knapp über 41 °C Körpertemperatur entwickeln und sich dabei am Rande der Lebensfähigkeit bewegen.

Angepaßt ist dieses hocheffektive Atmungssystem besonders an die kraftzehrende Fortbewegungsart des Fliegens. Die hohlen Knochen, die Luftsäcke und das leichte, gut isolierende Federkleid, das eine wärmende Speckschicht entbehrlich macht, gestalten den Vogelkörper leicht.

Direkt im Zusammenhang mit Teilen dieses Systems steht auch das Wärmeregulierungsvermögen der Vögel. Sie besitzen unter dem Federkleid keine Schweißdrüsen, um überschüssige Wärme und vor allem Feuchtigkeit zwecks Kühlung abgeben zu können. Schweißdrüsen wie bei den Säugern würden nämlich das Federkleid verkleben und unbrauchbar werden lassen. Hier übernehmen die Luftsäcke den Part der Schweißdrüsen. Ein großer Teil des zur Körperkühlung sonst über die Schweißdrüsen abgegebenen Wasserdampfes wird in den Luftsäcken gesammelt und über die „Luftkanäle" durch den Schnabel nach außen befördert.

So müssen wir auch nicht erschrecken, wenn an heißen Sommertagen unsere Hühner mit weit aufgestelltem Gefieder, gespreizten Flügeln und offenen Schnäbeln hechelnd dasitzen und einen etwas besorgniserregenden Anblick bieten. Sie versuchen lediglich, sich auf diese Weise Kühlung zu verschaffen. Wir können ihnen für diese Tage helfen, indem wir ihnen

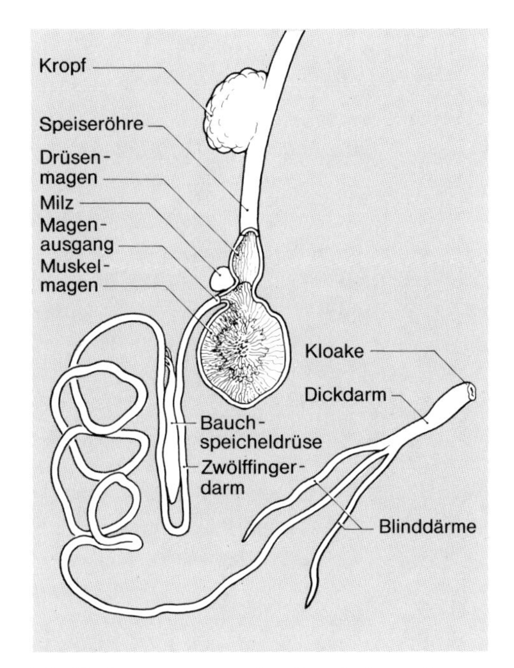

Die Verdauungsorgane des Haushuhnes als Funktionseinheit dargestellt.

ein gut belüftetes aber zugfreies Hühnerhaus und einen Auslauf mit schattenspendenden Bäumen und Büschen bieten.

Die Verdauung

Bleiben wir beim Vergleich mit den Säugern, so beginnt der Unterschied zu den Vögeln gleich beim ersten Teil des Verdauungsapparates, der Mundhöhle. Das Huhn hat keine Zähne, mit denen es die Nahrung zerkleinern könnte. Von der Mund-

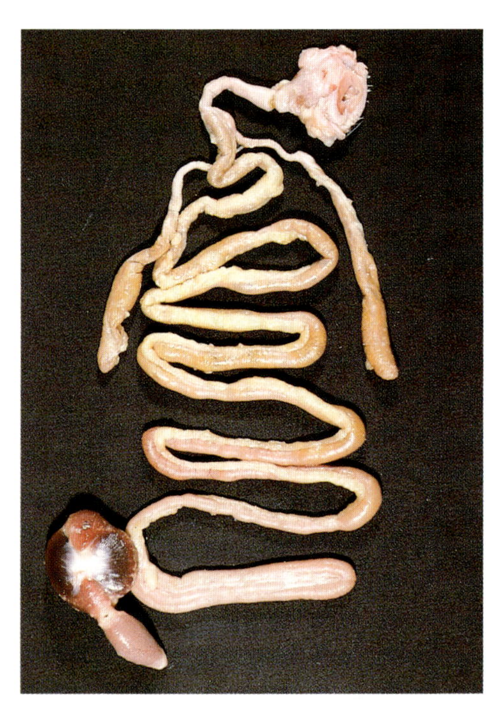

Der Magen-Darm-Trakt des Huhnes besteht aus Drüsen- und Muskelmagen, Dünn- und Dickdarm, Blinddärmen und Kloake.

Ein Schnitt durch den Muskelmagen zeigt deutlich die für die Verdauung so wichtigen Steinchen.

höhle gelangt die Nahrung daher – abgesehen von einer gewissen Einschleimung – sogleich in den *Kropf*. Dieser ist eine Ausbuchtung der Speiseröhre und dafür eingerichtet, daß der Hühnervogel größere Nahrungsmengen ohne Verdauungsunterbrechung aufnehmen und aufbewahren kann. Die Körner können hier bereits ein wenig aufgeweicht und so für die nachfolgende Verdauung vorbereitet werden. Von hier aus wird das aufgenommene Futter in unregelmäßigen Schüben in den Magen befördert. Wenn nötig, kann der Kropf die Ration eines ganzen Tages aufbewahren. Sind Kropf und Magen leer, gelangt die Nahrung durch die Kropfstraße am Kropf vorbei direkt in den Verdauungstrakt.

Drüsen- und Muskelmagen

Der *Drüsenmagen* dient der Erzeugung von Verdauungssäften, die sich mit dem Futter zu einer schleimigen Masse vermi-

Drüsen- und Muskelmagen des Haushuhnes.

Eierstock mit Eifollikeln unterschiedlicher Reifegrade, Eileitertrichter, Eileiter und Kloake.

schen. Er ist mit dem Hauptmagen der Säugetiere zu vergleichen. Hier werden die für die Eiweißverdauung so wichtigen Magensäfte von den Drüsen ausgeschieden. Die eigentliche Verdauung, also die chemische und mechanische Umsetzung der Futterstoffe in verwertbare Bestandteile spielt sich im Muskelmagen ab.

Der *Muskelmagen* besteht aus zwei Muskelpaaren, jeweils zwei dünnwandigen Zwischenmuskeln und zwei dickwandigen Hauptmuskeln. Beide Paare ziehen sich abwechselnd zusammen und erzeugen somit einen wechselseitigen Reibungsdruck auf die Nahrungsmasse. In ihr finden wir kleine Steinchen, die das Huhn mit der Nahrung aufnimmt und den Muskelmagen bei der mechanischen Zerkleinerung der Futtermasse unterstützen. Das ist etwa so, als hätten wir einen mit gequollenen Getreidekörnern gefüllten Lederbeutel in der Hand und sollten die Körner durch Walkbewegungen in einen sehr feinen Brei verwandeln. Würden wir hier kleine Steinchen mit einfüllen, würde uns dieses Unterfangen sicherlich leichter gelingen. Bei Haltungsformen ohne Auslauf oder einem Auslauf, der den Tieren wenig Gelegenheit für die Aufnahme kleiner Steinchen bietet, müssen wir dieselben in Form des sogenannten Grit zufüttern. Ansonsten würde die physiologische Verwertung des Futters stark leiden, das heißt das Huhn könnte aus dem aufgenommenen Futter nicht so viel Energie schöpfen wie es der effektive Nährstoffgehalt des Futters eigentlich zuließe.

Darmtrakt

Nachdem die Nahrung etwa zwei Stunden dieser intensiven Behandlung im Muskelmagen ausgesetzt war, wird sie weiter in den Darm transportiert, zunächst in den Zwölffingerdarm als Teil des Dünndarms. Der Dünndarm ist mit vielen sogenannten Darmzotten ausgestattet, die die innere Darmfläche vergrößern und damit mehr Angriffspunkte für die Fermente bieten, die die Nährstoffe chemisch aufspalten.

Wichtigster Lieferant dieser Stoffe und damit einer der bedeutendsten Teile des Verdauungsapparates ist die Bauchspeicheldrüse, die wir in einer Schleife des Zwölffingerdarms finden. Sie sondert ab:

Trypsin zum Aufspalten von Eiweiß
Lipase zum Zerlegen von Fett
Diastase zum Aufschließen der Kohlenhydrate.

Die Darmzotten schließlich nehmen die aufgeschlossenen Nährstoffe auf und führen sie mit dem Blut den einzelnen Organen zu.

Der Dickdarm ist wesentlich kürzer als der Dünndarm. Er besitzt weniger Darmzotten und endet in die Kloake. Zwischen diesen beiden Hauptdarmabschnitten liegen die beiden unterschiedlich langen Blinddärme. Sie bilden quasi Gärkammern, in denen die Rohfaser der pflanzlichen Futterstoffe aufgeschlossen und zumindest zum Teil dadurch für das Huhn verdaulich gemacht wird. Zur Rohfaser zählen u.a. Spelzen und Häute der Getreidekörner, die faserigen Bestandteile der Hühnerweide und der Küchenabfälle pflanzlicher Herkunft.

Die schließlich nicht verwertbaren Bestandteile der Nahrung werden durch die Kloake ausgeschieden. Dabei können wir zweierlei Kot unterscheiden, den Dickdarmkot und den Blinddarmkot. Auf etwa zehn Entleerungen des Dickdarms kommt eine Blinddarmentleerung. Man erkennt sie an der dunkelbraunen Farbe und einem üblen Geruch. Im Verhältnis zu den Säugern ist der gesamte Verdauungsapparat recht kurz geraten. Während beim Haushuhn die Darmlänge etwa nur das achtfache der Körperlänge ausmacht, hat der Darm des Hausrindes etwa die 30fache Körperlänge. Entsprechend kurz sind auch die Verdauungszeiten des Huhnes, wobei die stark wasserhaltigen Nahrungsstoffe weniger Zeit benötigen als Trockenfutter wie Körner oder Futtermehle. Das mag auch erklären, warum das Huhn als Frühaufsteher gilt. Hunger ist letztendlich der Antrieb für alle Lebensaktivitäten.

Verhältnis von Körper- zu Darmlänge

Huhn	1 : 8
Ente	1 : 10
Kaninchen	1 : 13
Pferd	1 : 15
Schwein	1 : 25
Rind	1 : 30

Die Harnausscheidung

Die Harnorgane der Hühnervögel sind im Vergleich zu den Säugetieren reduziert auf die Nieren und die Harnleiter, die den Harn zur Kloake hin ableiten. Nierenbekken, Harnblase und Harnröhre fehlen. Der Harn selbst besteht vorwiegend aus Harnsäure. Daneben enthält er Ammoniak, Aminosäure und verschiedene Salze. Er wird zusammen mit dem Kot als halbfeste, weißliche Masse durch die Kloake ausgeschieden.

Das Geschlecht

Weibliche Geschlechtsorgane

Die weiblichen Geschlechtsorgane sind bei den Vögeln im Unterschied zu den Säugern nur auf der linken Seite des Vogelkörpers ausgebildet. Sie bestehen aus dem Eierstock und dem Eileiter. An dem einer Weintraube ähnelnden Eierstock befinden sich unzählige Eier unterschiedlicher Größe – von der mikroskopisch kleinen Eizelle bis zum großen, dottergefüllten reifen Ei, das bereits im nächsten Augenblick den Eierstock verlassen und in den Eitrichter gleiten kann, um sich dann im Eileiter mit Eiklar, Eihäuten und der Kalkschale zu einem fertigen Hühnerei zu mausern.

Der Eileiter ist ein schlauchförmiges Organ mit verschiedenen, auf die Eifertigstellung bezogenen Abschnitten, die jeder für sich eine besondere Aufgabe haben. Er endet in der Kloake. Im Kapitel über das Ei werden wir näher darauf eingehen.

Männliche Geschlechtsorgane

Die männlichen Geschlechtsorgane bestehen aus den Hoden und den von ihnen zur Kloake führenden Samenleitern. Ein penisähnliches Begattungsorgan fehlt unserem Haushahn im Gegensatz etwa zum Entenerpel oder zum Schwanenmann. Die Hoden liegen am Ende der beiden Nierenpole, wobei der rechte Hoden kleiner ist als der linke. Während der Paarungszeit vergrößern sich beide Hoden um ein Vielfaches. Die Hoden sind der Ort, in dem der Samen gebildet und gespeichert wird, um von dort bei der Paarung durch die Samenleiter in die Kloake geführt zu werden.

Die Begattung, bei der der Hahn auf die sich niederduckende Henne steigt, erfolgt in der Weise, daß beide Vögel durch Wegdrehen der Schwänze ihre vorgestülpten Kloaken fest aufeinanderpressen. Der Begattungsakt selbst dauert – anders als etwa beim Hund – nur wenige Augenblicke und kann mehrmals täglich erfolgen.

Das Verhalten des Haushuhnes

Allein die Kenntnisse über die anatomische Beschaffenheit des Huhnes und die Lebensvorgänge in seinem Körper vermitteln uns noch kein vollständiges Bild, um seine Lebensbedürfnisse einschätzen zu können. Wichtig ist für uns zu wissen, worauf und wie unsere Schützlinge reagieren, wie sie ihre „zwischentierischen" Beziehungen üblicherweise gestalten und wie sie sich gegenüber anderen Tierarten und auch uns gegenüber verhalten.

Die Lehre vom Verhalten, wissenschaftlich „Ethologie" genannt, ist in den letzten Jahren insbesondere im Zusammenhang mit der Diskussion um die Käfighaltung von Legehennen stark in den Vordergrund getreten. Konrad Lorenz, für jedermann ein Begriff, der sich mit Tieren intensiv beschäftigt, hat sich bereits früher bei seinen Verhaltensstudien auch mit dem Haushuhn auseinandergesetzt und interessante Ergebnisse gefunden. Andere Forscher haben ähnliche Studien betrieben, immer bemüht, der Wesensart des Huhnes besser auf die Spur zu kommen, um möglichst objektive Maßstäbe für eine artgerechte Haltung abzuleiten. Eine zufriedenstellende Lösung für die Massentierhal-

Abbildungen linke und rechte Seite: Das Huhn verträgt sich gut mit den meisten anderen Haustieren. – Hier Impressionen aus dem Paradies.

tung ist jedoch bisher – zumindest in den Augen der rein tierschutzorientierten Seite – nicht gefunden. Für uns als Halter einer kleinen Hühnerherde ohne Zwang zur Gewinnerzielung ist es jedoch ungleich leichter, der überschaubaren Hühnerschar Lebensbedingungen zu schaffen, die ihren nach wissenschaftlichen Erkenntnissen zweifellos vorhandenen differenzierten Umweltbedürfnissen möglichst weit entgegenkommen. Daher seien im Folgenden die wichtigsten Verhaltenskomponenten bezogen auf bekannte reale Lebenssituationen unseres Haushuhnes skizziert.

Das Leben im Hühnervolk

Unser Haushuhn fühlt sich in der Gemeinschaft am wohlsten. Es ist von seiner Veranlagung und Lebensstruktur her ein Herdentier, das die Gruppe zum Überleben in der freien Natur braucht. Die

Herde bietet ihm also Schutz vor Gefahren und soziale Geborgenheit. Allerdings hat das Huhn für die Vorteile der Gemeinschaft seinen Tribut zu zahlen; es muß sich in die Gruppe ein- oder gar unterordnen. Voraussetzung für ein funktionierendes Gemeinschaftsleben ist also das Anerkennen einer gewissen hierarchischen Struktur. Diese ist durch die sogenannte Rang- oder Hackordnung in der Hühnerherde fest definiert. Jedes Tier hat innerhalb dieser Hackordnung seine genau festgelegte soziale Stellung, die es nach einer Phase des Kampfes am Übergang vom Jugend- zum Erwachsenenstadium erwirbt und von da an zumeist unverändert behält.

Hennen

Die spielerischen Auseinandersetzungen der Küken gehen erst mit Beginn der Pubertät in ernste, zum Teil blutige Kämpfe über (bei Hennen mit 10 bis 12 Wochen; bei Hähnen mit 12 bis 16 Wochen). Erst bei voller Geschlechtsreife liegt die klare Rangfolge fest. Wäre dies nicht der Fall, würden ständige Rangeleien und blutige Auseinandersetzungen die Herde in Bewegung halten und bald die Kräfte der Tiere unnütz aufzehren. So geht man sich in Kenntnis seines sozialen Status möglichst aus dem Wege, um Ärger zu vermeiden. Respekt, Anerkennung und eine gewisse Distanz prägen daher das soziale Erscheinungsbild unserer Hühnerschar. Doch nicht immer geht es so friedlich ab. Neid und Mißgunst sind auch hier die Triebfeder manch tierischer Entgleisung. Anlaß sind zumeist Streitigkeiten um den besten Futter- oder Schlafplatz. Dem ranghöchsten Tier gebührt hier in der Regel das Vorrecht. Auch das schönere Nest darf zuallererst von ihm in Anspruch genommen werden. Bei solchen Gelegenheiten kann es jedoch vorkommen, daß rangniedere Tiere im Eifer die Hackordnung nicht einzuhalten bereit sind und aufbegehren. Sogleich wird das ranghöhere Tier seine erworbene Position handfest, d.h. mit Flügelschlägen und Schnabelhieben, gegen die Meuterin verteidigen. In den meisten Fällen sind solche Rangeleien nur von kurzer Dauer und werden mit wenigen Ausnahmen durch das Obsiegen des ranghöheren Huhnes schnell beendet. Es kommt allerdings auch vor, daß in der Hackordnung höherstehende Hennen bestimmte Herdengenossinnen regelrecht schikanieren, einfach weil ihnen ihr Gesicht nicht paßt.

Welchen Rang im übrigen eine Henne unter ihresgleichen erwirbt, hängt von verschiedenen Faktoren ab. So von ihrem mutigen, selbstsicheren Auftreten wie ihrer Kampfbereitschaft und ihrer Ausdauer. Dazu kommt ihr Aussehen, bei dem ein großer Kamm und eine kräftige Statur als imposant gewertet werden. Schließlich spielt das Alter eine entscheidende Rolle. In der Regel stehen Junghennen allesamt tiefer in der Rangordnung als die schwächste Althenne.

Das einmal erstrittene soziale Gefüge im Sinne einer relativ friedlichen Gemein-

Abbildungen oben und unten: Als pflichtbewußter Hüter und Wächter seiner Herde erfüllt der Hahn eine wichtige Funktion in der Hühnergesellschaft. Streitbar wird er seine Hennen gegen Feinde verteidigen wie auch innerhalb der Herde für Frieden sorgen.

schaft ist jedoch nur von Dauer, wenn die Herdengröße möglichst konstant bleibt und etwa 40 Tiere als obere Grenze nicht überschreitet. Hühner haben nämlich nur ein begrenztes Erinnerungsvermögen für persönliche Beziehungen, so daß eine Überforderung in dieser Hinsicht nur Unsicherheit und damit erneut Unruhe und Zank auslösen würde. Sie orientieren sich vorwiegend an der Kammform, der Kammgröße wie auch an dem Glanz und der Größe der Augen ihrer Artgenossinnen.

Jede Veränderung innerhalb der Herde – etwa das Wegnehmen oder Hinzusetzen einer Henne – kann die einmal erreichte soziale Ordnung empfindlich stören. Fremde Tiere oder Tiere, die längere Zeit von der Herde getrennt gehalten werden mußten, setzen wir daher am besten in der Dunkelheit unauffällig zu den schlafenden Hennen auf die Sitzstangen. Mit dieser Methode kann man zumindest vermeiden, daß der Neuankömmling von der gesamten Schar erbarmungslos gejagt wird. Oft dauert es jedoch Wochen, bis eine vollkommene Integration oder Reintegration in die Herde erfolgt.

Hahn

Eine gesonderte Stellung nimmt der Hahn in der sozialen Hierarchie einer Hühnerherde ein. Hat er sich einmal aufgrund seiner körperlichen Überlegenheit durchgesetzt, ist er der unangefochtene Herrscher, sozusagen der Hahn im Korb. In dieser hohen Stellung hat er allerdings auch eine wichtige Funktion, nämlich die des Ausgleichs und der Befriedung unter seinen doch recht zänkischen Frauen. Es gibt durchaus einen erkennbaren Unterschied zwischen einer Hühnerschar mit oder ohne Hahn, was den sozialen Frieden betrifft. Daher sollte man ihn nicht als unnötigen Fresser abtun oder als reine Zierde des Hühnerhofes, er ist – soweit die lieben Nachbarn seine helle Stimme dulden – in jedem Fall eine gute Investition. Wachsen Junghähne unter der Vorherrschaft eines erwachsenen Hahnes heran, bleibt diese Vorherrschaft unangetastet, auch wenn sie dem Althahn an Kraft und Größe überlegen werden.

In jedem Fall ist es sinnvoll, den Hahn von vornherein in die Rekrutierung der Hühnerschar mit einzubeziehen. Hat sich unter den Hennen nämlich bereits eine feste Rangfolge gebildet, wird es für ihn schwer, sich in dieser verschworenen Gemeinschaft durchzusetzen. Wir haben selbst bei unserer zehnköpfigen festgefügten Herde beobachten können, wie ein junger Hahn etwa gleicher Gewichtsklasse vor den Angriffen der erzürnten Herde die Flucht ergreifen mußte. Bei einem weiteren Versuch hatte ein schwereres älteres Tier als gestandenes Mannsbild ebenfalls Mühe, der Damen Herr zu werden. Insbesondere die ranghöchste Henne wollte ihre alte Vormachtsstellung nicht so leicht aufgeben und verteidigte sie verbittert. Endlich blieb der schwere Hahn doch siegreich und genoß fortan seine Herrscherrolle unangefochten.

Hahn und Henne

Hühner leben polygam, also nicht wie etwa die Gans in Einehe. So um 10 bis 15 Hennen umfaßt der Harem eines Hahnes. Ist die Herde größer, besteht die Gefahr, daß nicht alle Eier befruchtet werden. Zwar verteilt der Hahn seine Gunst recht unterschiedlich, doch ist es selten, daß eine Henne von ihm gänzlich unbedacht bleibt. Als regelrechter Pascha hält er sich sogar eine oder mehrere Favoritinnen, die er besonders umwirbt und häufiger mit seiner Gunst bedenkt.

Werbung

Vor jeder Paarung geht die Initiative vom männlichen Part aus. Dabei versucht der Hahn die Auserwählte mit oft nur vorgetäuschten Leckerbissen oder einem besonders attraktiven Nestplatz auf sich aufmerksam zu machen, sie zu locken oder sich ihr direkt zu nähern. Beim „Futterlocken" verharrt er entweder in gebückter, suchender Haltung oder er steht mit einem Leckerbissen im Schnabel hochaufgerichtet da. Weniger galante Kavaliere verschlingen dabei die präsentierte Köstlichkeit in der Aufregung gelegentlich selbst, doch ein guter Liebhaber wird sie seiner Herzensdame freundlich überreichen.

Verlegt sich der Hahn auf die Variante mit dem besonders schönen Nest, auf das „Nestlocken", hockt er sich in einer möglichst schummrigen Stallecke nieder, scharrt eine flache Mulde und lockt die anvisierte Henne mit gurrenden Tönen dorthin.

Als besondere Form der Huldigung gilt das „Stolpern über den Flügel". Dabei umkreist der stolze Buhle die Henne mit gezierten, trippelnden Schritten und stolpert immer wieder über seinen nach unten abgespreizten Flügel. Zeigt sich die Henne beeindruckt und duckt sich schließlich bereitwillig, springt er flugs von hinten auf und vollzieht den Tretakt. Sucht sie jedoch ihr Heil in der Flucht, wird sie vom Hahn in sogenannter „Puterhaltung" verfolgt, wobei er mit vorgerecktem Hals, gesträubtem Gefieder sowie schleifenden Flügeln und gefächertem Schwanz hinter ihr herjagt. Erwischt er die Fliehende, macht er sich ohne viel Federlesen über sie her.

Paarung

Beim gewöhnlich zu beobachtenden Tretakt geht die Henne in eine leichte Hockstellung. Der Hahn kommt seitlich von hinten herbei und besteigt die willige Henne mit gespreizten Flügeln, um die Balance zu halten. Gleichzeitig verbeißt er sich in den Nackenfedern der Henne und umklammert ihre Flügel mit den Zehen. Schließlich pressen beide Tiere durch Wegdrehen des Schwanzes ihre Kloaken fest aufeinander. Dabei wird das aus dem Samenkanal des Hahnes austretende Sperma auf die Henne übertragen. Ist der Liebesakt vollzogen, verabschiedet sich der Hahn, so er ein rechter Kavalier ist, mit einer kurzen Balz als Nachspiel. Die Henne läßt sich davon aber nicht weiter beeindrucken. Sie schüttelt lediglich ihr Gefieder und geht zur Tagesordnung über.

Nicht zu überhören ist der stolze Hahn, legt er sich einmal mächtig ins Zeug und läßt seine Stimme erschallen.

Der Liebesakt währt bei Hühnern nur Sekunden; schließlich fällt es dem Hahn nicht leicht, in dieser Position die Balance zu halten.

Das Eierlegen

Bei der Auswahl des Nestes, dem die Henne ihr Ei anvertrauen möchte, steht sie jedesmal vor einer schwerwiegenden Entscheidung. Nicht jedes Nestangebot wird akzeptiert. Oft sucht sie sich ihr eigenes Plätzchen und richtet es entsprechend her. Um uns selbst viel Ärger und Sucherei zu ersparen, sollten wir darauf sinnen, die Nester attraktiv zu gestalten.

Nestwahl

In der freien Natur bevorzugt das Huhn als Gebüschbewohner etwas abseits gelegene Örtlichkeiten im Halbschatten, möglichst etwas erhöht liegend und mit weichem, sauberen Nistmaterial gefüllt. Diesem Wunsche kommen wir entgegen, wenn wir die Nester etwa so gestalten wie es im Kapitel über die Stalleinrichtung beschrieben wird. Unsere Henne scheint zum Beispiel gern die Entscheidungen ihrer Vorgängerinnen ins Kalkül einzubeziehen.

So können wir beobachten, daß bereits benutzte Nester bevorzugt gewählt werden, vor allem wenn sie bereits mit Eiern bestückt sind. Wird ein Nest gleichzeitig von mehreren Tieren bestürmt, genießt immer die ranghöhere Henne das Vorrecht. Doch kommt es auch vor, daß sich mehrere Tiere in einem kleinen Nest friedlich zusammenfinden. Ausgehend von dieser Beobachtung bieten manche Hühnerhalter statt oder zusätzlich zu den Einzelnestern auch sogenannte Familiennester an.

Interessant ist zu sehen, wie sich die Tiere vor dem Legen gebärden. Die Intensität der Nestsuche ist dabei nicht nur nach Rasse unterschiedlich, sondern auch sehr stark vom jeweiligen Temperament des Individuums abhängig. Die meisten Tiere sondern sich in dieser Phase von ihren Artgenossinnen ab. Sie werden unruhig und laufen gakelnd umher. Manche Hennen aber benehmen sich sehr aufgeregt, ja man kann sogar beobachten, daß Tiere regelrecht in Hektik verfallen und minutenlang an der Stallwand hochspringen.

Legeakt

Bevor sich die Henne nun zum Eierlegen niederläßt, inspiziert sie zunächst mehrere Nester, wobei sie sich meistens immer wieder für dasselbe entscheidet, das sie für das zuletzt gelegte Ei gewählt hat. Bei manchen Tieren kann diese Qual der Wahl Stunden in Anspruch nehmen. Hat sie sich endlich entschlossen, zupft sie die Nesteinstreu noch etwas zurecht und vertieft die Nestmitte ein wenig, wobei sie sich wie ein Hund vor dem Niederlegen immer wieder im Kreise dreht. Schließlich schreitet sie zur Tat und entledigt sich des Eies in leicht gehockter Stellung.

Abgesang

Auch wenn das Ei gelegt ist, legen die Tiere ein individuell sehr unterschiedliches Verhalten an den Tag. Während die einen noch eine Weile ruhig, wie erschöpft oder entspannt, im Nest verharren, stürmen die anderen regelrecht hervor und verkünden mit lautem Gegakel ihre Großtat. So wird letzteres wohl allgemein interpretiert, doch nehmen Wissenschaftler an, daß bei den wildlebenden Stammeltern unserer Haushühner dieses laute Gegakker die Verbindung zu der inzwischen weitergezogenen Herde wiederherstellen sollte. Daher wird diese Lautäußerung im Kreise der Tierverhaltensforscher auch als „Herdensuchruf" angesehen. Insbesondere der Hahn soll für diesen Ruf der Henne sensibel sein und der verloren Rufenden entgegeneilen, um sie zur Herde zurückzuführen.

Nist- und Brutgewohnheiten

Eine „gluck'sch" werdende Henne erkennen wir leicht an ihrem stark veränderten Verhalten gegenüber ihren Artgenossinnen. Sie sondert sich immer mehr ab und meidet den Kontakt mit anderen Hennen zusehends. Kommt ihr ein anderes Herdenmitglied zu nahe, sucht sie ihm mit hastigen flucht- und zugleich angriffsbereiten Bewegungen auszuweichen. Will der Hahn um sie buhlen, hält sie sich ihn mit aufgeplustertem Gefieder und ablehnender Miene vom Leib.

Die Glucke baut – wenn überhaupt – nur ein liederliches Nest. In der Regel sucht sie sich einen bereits fertigen Nistplatz oder eine geschützte, weich gepolsterte Stelle und schafft sich dort durch Hin- und Herrutschen lediglich eine flache Mulde. Dort hinein legt sie die Eier und beginnt, sobald ihr die Zahl groß genug scheint, mit dem Brutgeschäft. Allerdings ist sie nicht so ehrgeizig, nur ihre selbstgelegten Eier bebrüten zu wollen. Sie nimmt durchaus auch Nester an, die schon mit einer Anzahl Eier bestückt sind. Genau diese Eigenschaft macht es uns leicht, Eier von Tieren erbrüten zu lassen, die eine gute Nachkommenschaft versprechen. Sitzt die Glucke endlich fest auf ihren Eiern, wird ihr Verhalten wieder etwas ruhiger. In der Regel verläßt sie nur einmal am Tag ihre Brutstätte, um ihren Hunger zu stillen und ihr Bedürfnis zu verrichten. Anderen Hennen wie anderen Lebewesen gegenüber, die ihrem Nestschatz zu nahe kommen, zeigt sie sich jedoch sehr aggressiv.

Mutter-Kind-Beziehung

Bereits im Ei – etwa vom 17. Bruttag an – nehmen die kleinen Hühnerküken Geräusche aus ihrer Umgebung wahr. Was sie natürlich am häufigsten zu hören bekommen, sind die Glucktöne ihrer Mutter. Daher nimmt es nicht Wunder, wenn sie unmittelbar nach dem Schlupf schon so auf diese Laute fixiert sind, daß sie ihre eigene Mutter aus anderen heraus im Dunkeln erkennen. Umgekehrt sind auch die leisen

In den ersten Lebenstagen hält die Glucke ihre Küken dicht beisammen. Auch von den übrigen Herdenmitgliedern bewahrt sie wohlweislich Abstand, damit ihre Kleinen nicht attackiert werden.

Aufmerksam beobachtet die führende Glucke ihre Umgebung – Wehe, man kommt ihr zu nahe! Mit gesträubten Nackenfedern wird sie hoch aufgerichtet ihre Brut gegen jedermann verteidigen.

Pieptöne, die die noch nicht geschlüpften Küken im Ei von sich geben, für den Aufbau einer inneren Beziehung zwischen der Glucke und ihren Kleinen von größter Bedeutung. Versuche haben gezeigt, daß taube Glucken, die die Botschaft aus dem Ei nicht hören können, nach ihren frisch geschlüpften Küken hacken, ja sie wegen der offenbar nicht schon im Ei entwickelten sozialen Bindung sogar töten.

Schlupf

Spürt die Glucke unter sich, daß die Küchlein sich anschicken, ihren engen Kalkkäfig zu verlassen, bleibt sie ganz ruhig sitzen, um den Schlupfvorgang nicht zu stören. Sie verhält sich im übrigen vollkommen passiv, d.h. es käme ihr auch nie in den Sinn, etwa einem steckengebliebenen Kind zu helfen, sich von der Eischale zu befreien. Andererseits konnte man auch noch nie beobachten, daß eine Glucke den Schlupf ihrer Kleinen behindert hätte. Haben sich die kleinen Tierchen schließlich aus ihrem engen Gefängnis befreit, bewegt sich die Mutter nur noch ganz vorsichtig. Kaum läßt sie sich zum Aufstehen, geschweige denn zur Freigabe des Nestes bewegen, um ihre winzigen Schützlinge nicht zu verletzen. Wir müssen uns einmal vergegenwärtigen, welch eine „Heizleistung“ die Glucke entwickeln muß, um ihre kleine Schar zunächst nach dem Schlupf zu trocknen und Tag und Nacht warmzuhalten. Nähere Einzelheiten dazu sind im Kapitel Brut zu finden.

Prägung

In den ersten 36 Stunden ihres Lebens außerhalb des Eies sind die kleinen Küchlein ganz besonders aufnahmebereit für Umweltreize. Wir sprechen daher von der sogenannten *Prägungsphase*, in der sie gegenüber den auf sie einstürmenden Eindrücken außerordentlich sensibel sind. Von größter Bedeutung ist daher der Umstand, daß sich diese ersten Eindrücke unverwischbar bei den Hühnerkindern einprägen. Mutter Natur hat sich dabei natürlich etwas gedacht.

Hühnerküken sind Nestflüchter, d.h. sie sind imstande, nach relativ kurzer Zeit ihr Nest zu verlassen und ihre nächste Umgebung zu erkunden. Nun hat eine Hühnermutter ja etwa 10 bis 15 Küken zu betreuen, die sie, würden alle je nach ihrem eigenen Gusto das Nest verlassen, wohl nur schwer beaufsichtigen, zur Nahrungssuche anleiten und vor Gefahren schützen könnte. Die eben erwähnte Prägungsphase nun schafft zwischen Glucke und Küken eine sehr enge Beziehung, da sich die ersten prägenden Eindrücke der Küken ja normalerweise auf die Glucke und die übrigen Kükengeschwister beziehen. Diese enge Bindung wird – wie bereits erwähnt – durch Zwiesprache zwischen der werdenden Hühnermutter und den noch in ihrem Ei steckenden Kindern eingeleitet. Dazu kommt nach dem Schlupf noch das Aussehen der Mutter und der Geschwister, was alles zusammen die kleine Schar auf den notwendigen Zusammenhalt in den ersten Lebenswochen fixiert. Alles, was sich bewegt, scheint die kleinen Tierchen besonders anzuziehen. So folgen sie nach kurzer Zeit ihrer Mutter geschlossen, wo immer sie hingeht. Künstlich erbrütete Küken, die nie zuvor eine Glucke gehört oder gesehen haben, laufen sogar sich bewegenden Schachteln oder flackerndem Licht hinterdrein. Wir sehen also, daß hier bestimmte Verhaltensweisen instinktmäßig festgelegt sind. Ein bestimmter Schlüsselreiz löst eine ganz bestimmte Reaktion aus. Interessant ist auch, daß diese Nachfolgebereitschaft nur etwa bis zum achten Lebenstag anhält. Küken, die bis dahin nicht auf eine Glucke geprägt sind, werden nicht mehr bereit sein, einer nach diesem Zeitpunkt zugesetzten Glucke nachzulaufen bzw. sich von ihr führen zu lassen.

Amme

Innerhalb der ersten Woche sind wir allerdings, was die Akzeptanz der kleinen Hühnervögel wie der Glucke betrifft, noch recht beweglich. Obwohl sich die kleinen Küchlein Stimme und Aussehen ihrer Mutter in den ersten Stunden und Tagen sehr genau eingeprägt haben, gelingt es doch immer wieder – wenn es die Umstände erzwingen –, Küken in der ersten Lebenswoche an eine andere Glucke zu gewöhnen und die Glucke dazu zu bewegen, fremde Hühnerkinder zu adoptieren. Wichtig dabei ist für die Küken, daß die neue Mutter ein möglichst ähnliches Aussehen, d.h. vor allem die gleiche Färbung hat. Eine gute Glucke hingegen akzeptiert Hühnerkinder jeglicher Färbung, seien sie von einer anderen Glucke oder von einem Brutapparat erbrütet.

Für alle an solchen Transaktionen Beteiligte ist es dabei am vorteilhaftesten, sie abends in der Dämmerung zusammenzubringen. So haben sie schon die ganze Nacht Zeit, sich kennenzulernen und sich aneinander zu gewöhnen.

Mutterrolle

Bei ihren ersten Ausflügen in die Umgebung weichen die Küken ihrer Mutter nicht von der Seite. Verliert doch einmal eines den Anschluß an die quirlige Mannschaft, wird es jämmerlich anfangen zu piepsen. Diesen durchdringenden Ton, das sogenannte Verlassenheitsweinen, werden wir recht häufig hören, denn bereits bei einer Entfernung von mehr als 10 m können die Küken ihre Mutter nicht mehr erkennen. Sofort wird die Alte mit lautem Glucken antworten und das verlorene Kind zur Herde zurückführen.

Nur wenn die Hühnermutter ihre Kleinen unter strenger Kontrolle beisammen hat, kann sie auch den überall lauernden Gefahren wirksam begegnen. Eine führende Glucke ist ausgesprochen wehrhaft und aufs äußerste kampfbereit. Mit wütender Entschlossenheit stellt sie sich jedem vermeintlichen Angreifer. Mit erhobenem Kopf, gesträubtem Gefieder und drohendem Blick ist sie eine so imposante Erscheinung, daß sogar Katze und Hund sich von ihr beeindrucken lassen. Für Gefahren, die aus der Luft drohen, ist sie be-

Auch die Futtersuche will gelernt sein. Ist der Picktrieb den Kleinen auch angeboren, so hilft ihnen die Glucke durch ihr Beispiel, genießbar von ungenießbar zu unterscheiden.

sonders sensibel. Entdeckt sie das typische Flugbild eines Raubvogels am Himmel, stößt sie einen durchdringenden Warnruf aus, der die Küken veranlaßt, sofort bei ihr oder in einem geeigneten Versteck Schutz zu suchen oder, wenn sie sich gerade weiter entfernt vergnügt haben, sich völlig erstarren zu lassen. Diesen Warnruf müssen die kleinen Vögel nicht erst lernen, ebenso wie die Glucke das Flugbild eines Raubvogels nicht erst lernen muß. Beides, die Reaktion der Glucke auf das Flugbild am Himmel wie die Flucht oder das Erstarren der Küken auf den Warnruf der Alten sind angeborene Instinkthandlungen. Hat sich die Gefahr verflüchtigt, löst ein deutlich wahrnehmbares „Gluck – Gluck – Gluck" die Erstarrung der kleinen Federbällchen oder lockt sie aus ihrem schützenden Versteck wieder hervor.

Die Reaktion der Küken auf diese beiden Lautreize kann man sogar bei künstlich erbrüteten Küken ohne Glucke selbst testen. Man braucht dazu nur den Warnruf der Glucke nachzuahmen, und schon, wie vom Blitz getroffen, drücken sich die Kleinen in die Einstreu und verharren so lange regungslos, bis sie das Zeichen der Entwarnung, das gedehnte und ruhige „Gluck – Gluck – Gluck", hören.

Lernen

Hühner leben nicht allein nach ihrem Instinkt. Sie sind wie alle höheren Lebewesen durchaus lernfähig. Diese Fähigkeit ist für die Befriedigung eines elementaren Grundbedürfnisses, das Fressen, von größter Bedeutung. Angeboren ist den Kleinen Hühnervögeln wohl ein gewisser Picktrieb, also ein natürliches Interesse, kleine sich bewegende Tierchen wie Spinnen, Fliegen, Ameisen wie auch kleine Dinge von der Größe eines Weizenkorns mit dem Schnabel zu erfassen und neugierig zu untersuchen. Daß man diese kleinen lebenden und toten Objekte als Nahrung aufnehmen kann, lernen sie erst von ihrer Mutter. Insbesondere die Fähigkeit, zwischen genießbar und ungenießbar zu unterscheiden, sehen sie am Beispiel der Glucke, die sie zu besonderen Leckerbissen führt und sie durch Vorpicken, Hinhalten und Fallenlassen zum Picken und Verschlingen dieser Köstlichkeiten animiert. Unterstützt wird dieser Schulunterricht, wie könnte es anders sein, durch Musik, d.h. durch sogenannte Futterlockrufe der Alten.

Trennung

Haben die Kleinen ihre Lektionen fleißig gelernt, sind sie herangewachsen und des ständigen Schutzes der Glucke nicht mehr bedürftig, löst sich die Familie ungefähr nach acht Wochen auf; in manchen Fällen allmählich, fast unmerklich, ein andermal von einem Tag zum anderen. Dann nämlich vertreibt die sonst so fürsorgliche Hühnermutter ihre herangewachsene Brut urplötzlich mit Schnabelhieben. Ein neuer Abschnitt für unsere Hühnerkinder beginnt.

Die Körperpflege

In den Ruhepausen zwischen Futtersuche, Eiablage und sonstigen Aktivitäten widmen sich die Hühner immer wieder mit Hingabe der Pflege ihres Gefieders. Mit großer Geschicklichkeit werden einzelne Federn mit dem spitzen Schnabel erfaßt und geordnet, die Haut zwischen den Federn gekratzt und geräuschvoll knabbernd nach Ungeziefer abgesucht.

Eine ganz besondere Art der Körperpflege ist das *Sand-* oder *Staubbad,* das die Tiere meist in den frühen Nachmittagsstunden nehmen. Sie hocken sich dazu in den Sand, in trockenes, etwas staubiges Erdreich oder in die lockere Einstreu. Mit kräftigen Scharrbewegungen wird Staub und Sand hochgewirbelt, bleibt auf dem Rücken der Tiere liegen und rieselt langsam durch die geöffneten Flügel. Wohlig legen sie sich zur Seite, strecken Flügel und Beine aus und wühlen sich immer tiefer ein. Schließlich wird das Sandbad mit kräftigem Körperschütteln beendet. Neben der Steigerung des Wohlbefindens dient es vor allem der Beseitigung der lästigen Hautparasiten, die nach Beendigung der Pflegeaktion zusammen mit dem Staub abgeschüttelt werden. Aus diesem Grund sollten wir eine solche Möglichkeit für unsere Hühner auch im Winter bereithalten. Im Kapitel zur Haltung werden wir darauf noch näher eingehen. Es lohnt sich hier sicher, einigen Aufwand zu betreiben, denn ein gesundes Gefieder, frei von Ungeziefer, bedeutet Wohlbefinden.

Futtervorlieben

Wie wir im vorhergehenden Kapitel bereits erfahren haben, ist unser Haushuhn kein Feinschmecker, sondern eher ein Fein*taster.* Seine Vorlieben für bestimmte Futterarten werden also weniger von den geschmacklichen Eigenschaften als vielmehr von ihrer Struktur, Größe, Form, Härte und Oberflächenbeschaffenheit geprägt. Hühner bevorzugen Futter, das sie leicht aufnehmen und verzehren können. Umständliche und zeitraubende Zerkleinerungsaktionen sind ihnen zuwider. Sie leben sozusagen nach der Devise „pick und weg“. Ganze Körner haben sie daher in der Regel lieber als feingemahlene Futtermischungen, da sie bei letzteren wesentlich mehr Zeit benötigen, um satt zu werden. Der Weizen steht in ihrer Beliebtheitsskala ganz oben. Diesem folgen der Mais, die Gerste, der Roggen und schließlich der Hafer. Zu bemerken wäre noch, daß sich die Tiere beim Mais zunächst an das im Verhältnis wesentlich größere Korn gewöhnen müssen, ehe sie ihn in ihrer Skala gleich nach dem Weizen einordnen. Beim Grünfutter sind vor allem dickblättrige, glatte und zarte Pflanzen wie Raps, Löwenzahn, Klee, Kohlblätter, auch saftige Rüben und Rote Bete beliebt. Zähe und womöglich behaarte Pflanzenteile wie etwa Gurkenblätter oder ausgewachsene Gräser werden dagegen verschmäht.

Da bei Hühnern angesichts der vorgenannten Köstlichkeiten der Futterneid besonders stark ausgeprägt ist, sollten wir für ausreichend große Futtergefäße Sorge tragen. Ansonsten werden die rangniederen Tiere leicht das Nachsehen haben und weniger leisten, als sie könnten.

Der Kampf

Etwa im Alter von zwei Wochen beobachten wir bei den inzwischen recht übermütigen Hühnerkindern die ersten spielerischen Kraftproben. Flügelschlagend rennen und springen sie aufeinander zu, verharren für kurze Augenblicke lauernd, um sich im nächsten Moment abrupt abzuwenden und auf den nächsten Spielgefährten zuzuflattern. Doch schon einige Tage darauf kann es geschehen, daß solch ein kleiner Kämpfer seinen Gegner gezielt in das Gesicht hackt und dieser sich darauf verdutzt zurückziehen muß. Das sind die ersten Anzeichen für die beginnende Rangauseinandersetzung.

Richtig ernst wird es jedoch erst mit Beginn der Geschlechtsreife. Dann wird der soziale Rang innerhalb der Herde ausgefochten. Diese Rangordnungskämpfe sind oftmals hart und unerbittlich. Nicht selten enden sie blutig aber nie tödlich. Nach wenigen Tagen Unruhe und Hektik in der Herde ist alles ausgestanden. Sieger und Besiegte stehen fest. Damit kennt jedes Tier für die Zukunft seinen festen Platz in der Hierarchie der Herde, so daß es nur noch in Ausnahmefällen zu weiteren echten Stellungskämpfen kommt.

Hennenkampf

Einfache Meinungsverschiedenheiten zwischen den Hennen werden lediglich mit kurzen, kräftigen Schnabelhieben bereinigt, wobei die Rangniedere bereits nach wenigen Augenblicken klein beigibt und ihr Heil in der Flucht sucht. Kommt es aber einmal richtig zum Kampf, was bei zwei im Rang sehr nahestehenden Tieren am ehesten geschieht, nähern sich die zwei Kontrahentinnen zunächst mit tiefen, langgezogenen Drohlauten. Dicht voreinander stellen sie sich hoch aufgerichtet und mit gesträubten Halsfedern in Positur. Urplötzlich erfolgt der Angriff, in dem sie aneinander hochspringen und aufeinander einhacken. Ziel dieser Schnabelhiebe ist vorwiegend der Hinterkopf der Gegnerin, aber auch Gesicht und Kamm bleiben nicht verschont. So schnell wie er begonnen hat, ist der Kampf in den meisten Fällen auch beendet. Die unterlegene Henne duckt sich und zeigt mit dieser Demutshaltung ihre Unterwerfungsbereitschaft an.

Hahnenkampf

Ein Kampf zwischen Hähnen wirkt ungleich eleganter, auch der Verlauf ist sehr verschieden von dem der Hennen. Wir unterscheiden hier zwischen dem zumeist harmlosen Scheinkampf, einer Art ritterlichem Turnier, und dem harten, oft blutigen Kampf um die Vorherrschaft in der Herde.

Beim Scheinkampf umkreisen sich die Hähne zunächst spielerisch mit drohender Gebärde und krähen sich stolz herausfordernd an. Darauf gehen sie, Mut und Entschlossenheit vortäuschend, einige Schritte aufeinander zu, um im letzten Augenblick doch wieder zurückzuweichen. Kommen sich die Kämpfer unabsichtlich oder auch beabsichtigt doch dabei zu nahe, wird aus dem spielerisch eleganten Geplänkel unweigerlich Ernst.

Gleichzeitig oder im Wechsel rollen jetzt die Angriffswellen von beiden Seiten, indem die Gegner kräftige Flügelschläge austeilen und aneinander hochspringen. Dabei suchen sie mit wuchtigen Fußtritten ihre wehrhaften scharfen Sporen dem Kontrahenten auf die Brust zu schlagen oder ihn am Kopf zu treffen. Der Angegriffene seinerseits versucht die Attacke des Gegners in geduckter Haltung und mit seinem gleich einem Schild ausgebreiteten Flügel abzuwehren. Zwischen den einzelnen Angriffswellen verschnaufen die beiden Kampfhähne mit tief gesenktem Kopf und vorgestrecktem Hals einander gegenüberstehend in Lauerstellung. Bei zunehmender Erschöpfung versuchen sie sich sogar gleich einem schwer angeschlagenen Boxer unter den Flügeln oder zwischen den Beinen des Widersachers kurzzeitig in Sicherheit zu bringen.

Streng bewacht nehmen die beiden Hühnerdamen ihr Sandbad. Es dient nicht nur ihrem Wohlbefinden, sondern erfüllt vor allem auch aus hygienischer Sicht eine wichtige Funktion.

Der Kampf ist zu Ende, wenn sich der Schwächere schließlich mit abgespreizten Nackenfedern zur Flucht wendet.

Angst

Unmittelbar nach dem Schlüpfen sind Küken noch ohne jegliche Scheu. Erst nach einigen Tagen können wir bei ihnen erste Anzeichen von Angst und Erschrecken beobachten. Vor allem ungewohnte Geräusche und hastige Bewegungen flößen den Tieren Angst ein. Dabei kann es zu gefährlichen Situationen für die kleinen Hühnervögel kommen; dann nämlich, wenn sie sich erschreckt in eine Ecke zusammendrücken und dadurch Gefahr laufen, daß sie sich gegenseitig ersticken. Um dieser Gefahr vorzubeugen, benützen wir für die Aufzucht sogenannte Kükenringe und keine rechteckigen Umgrenzungen. Auch erwachsene Tiere sind gegenüber allem Fremden und Ungewohnten empfindlich und mißtrauisch. Unbekannte Geräusche, Gegenstände und Lebewesen können sie regelrecht in Panik versetzen. Vor allen Dingen bewegliche Sachen mit pelzartiger Oberfläche fürchten sie sehr. So geriet unsere zehnköpfige Hühnerschar – sonst gut gewöhnt an unseren hektischen Hund, an Katzen aus der Nachbarschaft und unsere Kaninchen – einmal in helle Aufregung, als unser kleiner Sohn mit einem Teddybär im Arm im Hühnerstall erschien. Nun war diese neue Erscheinung nicht nur ungewohnt für sie, sondern löste offenbar dazu noch eine instinktive Angst gegen den Erbfeind, Meister Reinecke, aus. Denn ähnlich wie beim zuvor erwähnten Flugbild eines Raubvogels, haben Hühner eine angeborene Furcht gegen alles, was diesem Räuber ähnlich ist. Daran sehen wir, daß Hühner durch das schwach entwikkelte Großhirn und die damit verbundene begrenzte Lernfähigkeit noch sehr stark auf ererbte Schlüsselreize reagieren.

Unarten und Rezepte zu ihrer Beseitigung

„Schlechte Beispiele verderben die guten Sitten" und „wehret den Anfängen". Diese Weisheiten gelten in besonderem Maße auch für unsere Haushühner.

Haben wir einmal beobachten können, wie sich eine unserer eierlegenden Damen an dem „Pelz" der Nachbarin mit Erfolg zu schaffen machte, sprich ihre Federn auszupfte oder gar Geschmack an dem selbsterzeugten Produkt, den Eiern, fand, ist höchste Aufmerksamkeit geboten. Es wird schließlich nicht lange dauern und wir haben auf Grund des ausgeprägten Nachahmungstriebes unserer Schützlinge nicht nur eine Eier- oder Federfresserin in der Herde, sondern deren viele. Neben dem Erkennen dieser Unarten und entsprechendem Handeln, um die Ausbreitung zu verhindern, ist das Wissen um die Ursachen und bestimmte vorbeugende Maßnahmen weitaus wichtiger, um das Übel gleich an der Wurzel zu packen.

Federpicken

Das *Federpicken* oder *Federfressen* ist eines der Hauptprobleme nicht nur bei der gewerblichen Hühnerhaltung. Das Endstadium dieser Untugend sind zumeist ernsthafte Verletzungen bei den belästigten Tieren. Als Folge davon wiederum kann der gefährliche *Kannibalismus* auftreten.

Es beginnt in der Regel ganz harmlos. Ein Huhn macht sich aus Neugierde, Langeweile oder einem sonstigen Grund an ein anderes heran und zupft es behutsam an einer hervorstehenden Feder. Einen besonderen Anreiz dazu liefern erkanntermaßen leicht abstehende Schwanz- oder Halsfeder, die oft minutenlang von der Missetäterin bearbeitet werden. Aus dem stereotypen Spiel wird, da sich die bepickten Tiere aus ungeklärten Gründen selten zur Wehr setzen oder die Flucht ergreifen, ein intensiveres Picken. Schließlich richten sich die Aktionen nicht allein gegen die zarte Federspitze sondern auch gegen den Federansatz mit der Folge, daß die Feder sich löst. Jetzt findet das „unartige" Tier erst richtig Gefallen an seinem Tun. Die Attacken gegen sein Opfer werden immer gezielter, so daß es bald kahle Stellen in seinem Federkleid zu beklagen hat. Die bevorzugten Stellen für diese Angriffe befinden sich am Hals, auf dem Rükken und im Bereich der Kloake. Doch damit nicht genug. Durch das gewaltsame Herausreißen der Federn entstehen schließlich blutende Wunden, die wie ein rotes Tuch auf die Umgebung wirken. Bald

Das Federpicken ist eines der Hauptprobleme in der Hühnerhaltung. Deutlich sind hier die bereits kahlen Stellen am Hals, auf dem Rücken und im Bereich der Kloake zu erkennen.

hat es das Opfer nicht mehr allein mit der Federfresserin zu tun, sondern mit einer blutrünstigen Herde, die ihm nach dem Leben trachtet. Es beginnt eine kannibalische Jagd auf das arme Tier. Dabei ist es kein Einzelfall, wenn der zum Tode Geweihten die Gedärme bei lebendigem Leib aus der Kloake gezogen werden.

Ursachen

Die Ursachen für das zunächst harmlos anmutende Federzupfen liegen in der Regel bei der Fütterung und der Haltung.

Fütterungsfehler können einmal in einer unausgewogenen Futterration begründet sein. Insbesondere Mineralstoffmangel und dabei das Fehlen von Calcium und

Natrium soll das folgenschwere Federpicken auslösen. Ebenso gibt es wissenschaftlich gesicherte Erkenntnisse über die geeignete bzw. ungeeignete Form des Futters. Pelletiertes Futter etwa bringt aufgrund seiner groben Struktur und der dadurch bedingten raschen Aufnahmefähigkeiten kurze Freßzeiten mit sich. Dadurch entstehen insbesondere an Schlechtwettertagen und im Winter, wenn wir die Tiere nicht ins Freie lassen können, Langeweile und Verdruß, wodurch das Risiko des Federpickens stark erhöht wird.

Zu den kardinalen *Haltungsfehlern* im Hinblick auf das Federpicken zählen überfüllte Ställe, mangelnder Auslauf und ungenügender Scharraum. Auch das Fehlen eines Hahnes wirkt sich in der Regel ungünstig aus, da er ja – wie wir in einem vorhergehenden Abschnitt gesehen haben – entscheidenden Einfluß auf den sozialen Frieden einer Herde ausübt.

Die zuvor erwähnten Hauptursachen tragen in sich auch bereits die Antworten für geeignete Gegenmaßnahmen.

Vorbeuge- und Gegenmaßnahmen

Geben wir unseren Tieren eine anregende, vielseitige und abwechslungsreiche Hauptmahlzeit, dazu ausreichend Grünzeug und eventuell noch Mineralstoffe zusätzlich, haben wir sicher schon vieles erreicht, um das Aufkommen dieser schleichend um sich greifenden Unart im Keim zu ersticken. Dazu geben wir unseren Schützlingen gesondert kleine Körnergaben in die Einstreu, damit sie sich mit fleißigem Scharren die Langeweile vertreiben können.

Der zweiten Hauptursache können wir dadurch begegnen, indem wir eine Überbesetzung des Stalles vermeiden. Nach dem Grundsatz Masse ist nicht gleich Klasse sollten wir lieber ein oder zwei Hühner weniger einstallen, als die Norm vorgibt. Dazu sollte ein gepflegter, genügend großer Auslauf und – insbesondere für die Winterzeit oder für Schlechtwetterperioden – ein ausreichend bemessener Scharraum mit tiefer, sauberer Einstreu kommen. Im einzelnen werden wir im Kapitel zur Haltung noch auf diese Dinge eingehen. Ansatzpunkt für geeignete und rasche Gegenmaßnahmen ist eine ständige Kontrolle der einzelnen Tiere auf Anzeichen für veränderte Verhaltensweisen. Auf frischer Tat ertappte Federpicker sondern wir ohne viel Federlesen sogleich von der Herde ab und versuchen, sie durch eine entsprechende „Diät" mit besonders mineralstoffreichem Futter von ihrer Untugend zu befreien. Gleichzeitig sollten wir immer gleich überlegen, ob unser Fütterungs- und Haltungssystem den zuvor genannten Anforderungen vollauf genügt. Unverbesserliche Wiederholungstäter wandern in den Kochtopf.

Nie aber sollten wir uns von der Versuchung leiten lassen, die oft bereits arg zersausten Opfer dem Schlachtmesser zu übereignen, weil sie etwas unansehnlich geworden sind. Denn schließlich würde nur noch die Federpickerin überleben. Vielmehr müssen wir bereits aufgetretene Verletzungen der mißhandelten Hennen zunächst durch Desinfizieren medizinisch versorgen. Um sie vor weiteren Attacken zu schützen, werden die verletzten Tiere von der übrigen Herde getrennt, bis die Wunden leidlich verheilt sind und die blutigen Hautpartien keinen Anreiz zum Pikken für die sonst braven Hennen bieten.

Der Handel hält im übrigen auch spezielle, ölhaltige Präparate bereit, die – auf die Wunde gegeben – eine weitere Belästigung der verletzten Tiere durch andere verhindern. Die Wirkung dieser Mittel ist jedoch oft nur von kurzer Dauer und eine tägliche Neubehandlung über Wochen für den Hühnerhalter sehr mühevoll.

Als weiteres taugliches Gegenmittel wurde von manchen Experten das *Schnabelstutzen* gepriesen. Dabei wird der Ober- und Unterschnabel mit einem glühenden Messer angeblich schmerzfrei gekürzt. Abgesehen von der Fragwürdigkeit dieser Methode mit Blick auf den Tierschutz, erlaubt der stark verkürzte Schnabel keine ordentliche Gefiederpflege mehr und beeinträchtigt den Tastsinn der Tiere erheblich. Letzteres mag für Hühner in Intensivhaltung mit Fertigfuttermischungen in Mehlform unerheblich sein; für unsere Auslaufhühner bildet der Verlust des Tastsinnes doch ein großes Handicap.

Dagegen scheint das vorübergehende Anbringen von Plastikbrillen auf dem Oberschnabel eine diskutable Alternative zu sein. Allerdings ist es nicht leicht, unsere Tiere für ein so gelehrtes Aussehen zu begeistern. Bei unserer Freilandhaltung werden wir jedoch kaum zu diesem außergewöhnlichen Mittel greifen müssen.

Eierfressen

Das nächste Hauptübel, das *Eierfressen*, ist eine nicht minder leidvolle Erfahrung so manchen gutgläubigen Hühnerhalters.

Stellt er eines Tages fest, daß die Eiausbeute zurückgeht, die Hennen jedoch nachweislich eigener täglicher Untersuchung durch Abtasten des Legebauches Eier legen müßten, wird er bald durch intensive Beobachtung herausfinden, daß sich manche Tiere genüßlich an ihrem eigenen Produkt zu schaffen machen. Auch in diesem Fall tut Eile not, denn der Nachahmungstrieb ist groß. Ja es kann sogar soweit gehen, daß eine Henne bereits ungeduldig in froher Erwartung der Köstlichkeit, die da kommen soll, vor dem Nest einer gerade legenden Henne patroulliert, um sich sofort an dem noch warmen Ei gütlich zu tun.

Während eines Studienaufenthaltes in Schottland an einem Geflügelforschungsinstitut konnten wir beobachten, wie nahezu die gesamte Hühnerherde eine legewillige Artgenossin schon Minuten, bevor das Ei erschien, umringte, ja bedrängte, um sich im nächsten Augenblick auf das Objekt ihrer Sehnsucht zu stürzen.

Ursachen

Die Ursachen für diese Untugend sind noch nicht eindeutig geklärt. Vermutet wird der negative Einfluß von Kalkmangel und damit verbunden das Legen von dünnschaligen oder schalenlosen Eiern. Auch sogenannte verlegte Eier, d.h. Eier, die nicht in die vorgesehenen Nester gelegt werden, scheinen einen gewissen Anreiz zu bieten.

Eines jedoch sollte uns der gesunde Menschenverstand von selbst verbieten, nämlich Eierschalen als Ersatz für Muschelkalk zu verfüttern. Sicherlich ist das Anbieten auch von in kleine Stücke zertrümmerten Eierschalen ursächlich für diese – wissenschaftlich ausgedrückt – oophagen Gelüste unserer Hennen.

Auch ein trister, wenig abwechslungsreicher Tagesablauf fördert wie beim Federpicken diese Unart.

Schließlich scheint das Alter der Tiere für das Auftreten beider Unarten, des Federpickens wie des Eierfressens, eine Rolle zu spielen. Hennen werden mit zunehmendem Alter zänkischer und aggressiver gegen ihre Artgenossen wie gegen ihre Umwelt. Gleiches kann man uns Menschen nicht nachsagen; bei uns paart sich das Alter mit Weisheit – sagt man.

Gegenmaßnahmen

Die Praxis und dabei vor allem auch ältere Lehrbücher haben gegen die Unart des Eierfressens zahlreiche, jedoch zumeist wenig Erfolg bringende Rezepte parat:

„Das Huhn erhält des Tages über kein Futter, dagegen einige Porzellaneier vorgelegt, an denen es sich fruchtlos abmühen wird. Abends wird sodann das Huhn gefüttert und gleiches Verfahren mehrere Tage fortgesetzt, bis es das künstliche und schließlich das natürliche Ei unberührt liegen läßt." Oder, „den Eierfressern hart gekochte Eier ganz heiß vorlegen, damit sie, daran pickend, sich den Schnabel verbrennen und in Zukunft beim Anblick von Eiern ähnliche Besorgnisse empfinden".

Die einfachste Methode besteht darin, die Eier häufiger einzusammeln und die Nester besser einzustreuen, um Brucheier zu vermeiden, denn erwiesenermaßen beginnt diese Untugend oft mit der zufälligen Bekanntschaft eines Huhnes mit angeknickten oder aufgebrochenen Eiern. Auch die Anschaffung von Abrollnestern kann hilfreich sein, bei denen die Hennen nach dem Legen nicht mehr an die Eier herankommen. Wissen wir gar keinen Ausweg mehr, ist auch hier das Schlachtmesser die letzte und für den Hühnerhalter nicht die schlechteste Lösung.

Eierverlegen

Das *Eierverlegen* zählt zu den harmloseren, doch ärgerlichen Untugenden. Einmal ist es schließlich sehr zeitaufwendig, die oft kunstvoll im Stall oder Auslauf verborgenen Eier sicherzustellen, zum anderen sind sie oft verschmutzt oder beschädigt.

Vorbeuge- und Gegenmaßnahmen

Vorbeugend können wir dagegen einiges tun. Zunächst sollten wir für eine genügende Anzahl Nester Sorge tragen, damit vor allem die rangniederen Hennen nicht genötigt werden, sich außerhalb ein lauschiges Plätzchen zu suchen. Für den Standort der Nester sollten wir nicht den sonnigsten Teil des Stalles wählen, weil die legewilligen Damen sich gern in eine schummrige Umgebung zurückziehen.

Schließlich müssen wir darauf sehen, daß die Nester sauber und frei von Ungeziefer sind, damit die Tiere unbelästigt den täglichen Akt der Befreiung erleben können.

Noch junge Tiere, die eben erst in das Legestadium eintreten, können wir an das Aufsuchen der Nester gewöhnen, indem wir Porzellan-, Gips- oder weiße Holzeier in die Nester legen, da Hühner bekanntlich Nester bevorzugen, die bereits benützt wurden. Etwas umständlicher, aber auch erfolgreicher, ist es, die Jungtiere abzutasten und die Legeverdächtigen im Nest einzuschließen. Alsbald werden sie, Erleichterung suchend, dieses von selbst aufsuchen. Sollten wir dennoch eine Henne in der Herde haben, die sich nicht umstimmen läßt und im Verstecken ihrer Eier besonders erfolgreich ist – tragen wir es mit Humor. Wer hat schon alle Tage Ostern?

Niemals aber sollte uns der Ärger dazu verleiten, das folgende und früher durchaus übliche Mittel anzuwenden:

„Das Huhn wird im Stalle behalten, bis es Lust zum Legen zeigt, worauf man ihm einige Körnchen Salz in den Legedarm bringt. Vom Reize des Salzes getrieben eilt es rasch seinem verborgenen Neste zu und verrät dadurch seine versteckten Eier."

Hühner – Freude und Zeitvertreib für Jung und Alt.

Die Haltung von Legehennen

Hat man sich einmal entschlossen, Hühner zu halten, sollte man sich zunächst die Frage nach dem Motiv stellen. Möchte man Hühner halten einfach aus Freude am Federvieh, wegen der frischen Eier oder wegen des zarten, schmackhaften Fleisches oder aus allen drei Gründen. In der Regel wird letzteres der Fall sein, wobei die Hühnerhalter zumeist beim dritten Einzelgrund auf eine erste harte Probe gestellt wird; dann nämlich, wenn er seine getreuen Eierspender schlachten muß. Als zweite wichtige Frage ist zu überdenken, wieviel Platz man zur Verfügung hat und drittens wie hoch der Pflegebedarf der Schützlinge anzusetzen ist; d.h. wieviel Zeit man investieren muß und will. Von diesen drei Komponenten hängt im wesentlichen ab, welche Hühnerrasse man wählt, wie groß das Hühnervolk sein soll und wie groß der Stall und der Auslauf zu bemessen ist. Bei den nachfolgenden Betrachtungen stellen wir uns einen Hühnerhalter vor, der das Angenehme mit dem Nützlichen verbinden möchte – also Freude am Huhn gepaart mit dem Genuß von Fleisch und Eiern – und der über ausreichend Platz für eine entsprechende Hühnerhaltung verfügt. Ferner gehen wir davon aus, daß keine vorhandenen Bauten als Domizil für die Tiere genutzt werden können und kein nachbarlicher Einspruch zu erwarten ist. Eine mögliche Nutzung von Altbausubstanz sollte sich im wesentlichen an den hier genannten Empfehlungen orientieren. Die Planung für ein rundes Dutzend Federvieh, 12 Hennen und einen Hahn, kann also beginnen.

Einige Zahlen

Stallgröße	1 m² für 3–4 Tiere
Auslaufgröße	10–20 m² für 1 Tier
Legenester	1 Nest für 3–4 Tiere
Sitzstangen	1 m für 4–5 Tiere
Troglänge	10–15 cm für 1 Tier
Futterbedarf	115–130 g pro Tier + Tag
Wasserbedarf	200–250 g pro Tier + Tag

Der Stall

Schauen wir uns in deutschen Landen nach der Versorgung des Haushuhnes mit Wohnraum um, so finden wir alle erdenklichen Formen vor, von der zugigen Wellblechhütte bis zum Luxusappartement. Anstreben wollen wir jedoch eine möglichst bedarfsgerechte Unterkunft zu angemessenen Kosten, in der sich die Tiere wohlfühlen und der tägliche Pflegeaufwand möglichst gering ist. Das Hühnerhaus ist schließlich der Ort, in dem sich der wesentliche Teil der Hühnerhaltung abspielt.

Baumaterial

Als Material für den Stallbau ist sowohl Holz als auch Mauerwerk oder eine Kombination denkbar. Die modernen Baumaterialien erlauben heute eine einfache Handhabung bei hohem Qualitätsstandard. Wärmetechnisch bieten beide Baustoffe zufriedenstellende Lösungen. So ist die Entscheidung am Ende ein Frage des Geschmacks und dessen, was man sich bei der Verwendung des einen oder anderen Baustoffes handwerklich eher zutraut.

Stallgröße

Die Bemessung des Stallraumes richtet sich naturgemäß nach der Größe und der Rasse der zu haltenden Herde. Schwere Tiere benötigen mehr Platz als leichte Typen, Großhühner mehr als Zwergrassen. Dies mag wie selbstverständlich klingen, wird aber oft bei den Überlegungen wie auch bei der praktischen Haltung vernachlässigt. Als Faustzahl für eine Auslaufhaltung rechnet man bei einem mittelschweren Typ drei Hühner je m^2 Stallfläche, der Platzbedarf für die Sitzstangen mit Kotgrube eingeschlossen. Auch mehr Hühner sind möglich, auch ohne Auslauf, doch da bewegen wir uns schon im Bereich der Wirtschaftsgeflügelhaltung.

Die Grundfläche des Stalles sollte möglichst quadratisch geschnitten sein, damit eine kompakte Bauweise ermöglicht wird, die energietechnisch entsprechende Vorzüge bietet. Die genannten Faustzahlen stoßen jedoch bei einer extrem kleinen Herde mit z.B. nur 3 Tieren an die Grenze der realen Umsetzungsmöglichkeit. Denn ein Stall mit 1 × 1 m Grundfläche kann schwerlich auch noch Gerätschaften, Futtersäcke u.a. aufnehmen. Für eine vernünftige Lösung sollte man wohl so planen, daß bei Ställen bis 4 m^2 Größe eigens ein Anbau für Gerätschaften und Futterlagerung vorgesehen wird.

Für unsere 12 Hennen und den stolzen Hahn benötigen wir als Mindestgröße demnach etwa 4 m^2 Bruttofläche. Dazu sollten wir als Anbau oder Abteil desselben Stalles den bereits zuvor erwähnten Raum für Geräte und Futter vorsehen. In unserem Vorschlag sind hier auch noch die drei Legenester untergebracht. Grundsätzlich sollten wir bei der Gesamtplanung von der Überlegung ausgehen, daß es kein Fehler ist, unser Hühnerhaus etwas großzügiger anzulegen, als die Faustzahlen es vorgeben. Nach dieser Maxime haben auch wir uns bei unserem Planungsvorschlag gerichtet.

Konstruktionstechnisch gehen wir im Prinzip wie bei dem Bau eines Eigenheimes ohne Keller vor. Benötigt werden also geeigneter Standort, Fundamentstreifen mit Bodenplatte, Wände, Türe, Fenster, Dach, Baumaterial und Werkzeug.

Standort

Der geeignete Standort richtet sich zunächst nach den örtlichen Gegebenheiten, sollte jedoch möglichst eben und nahe

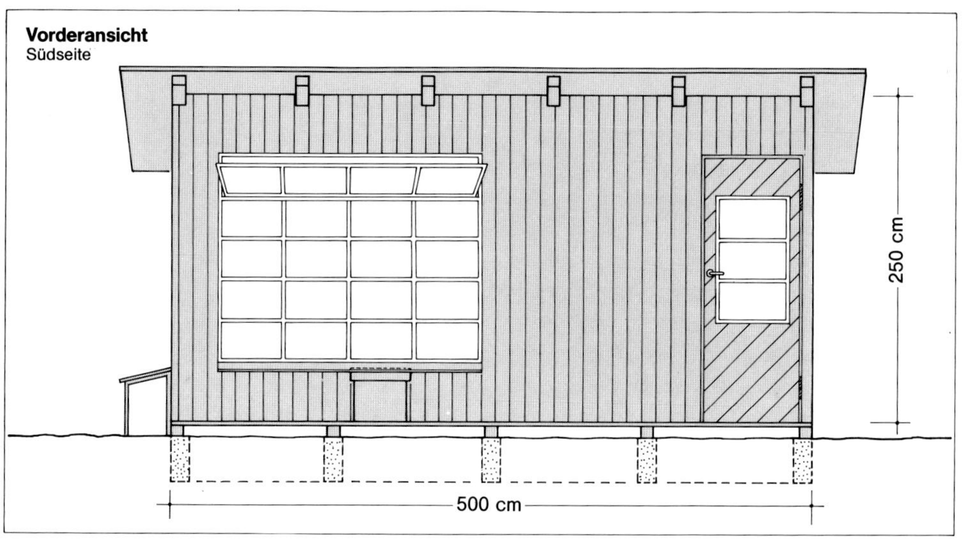

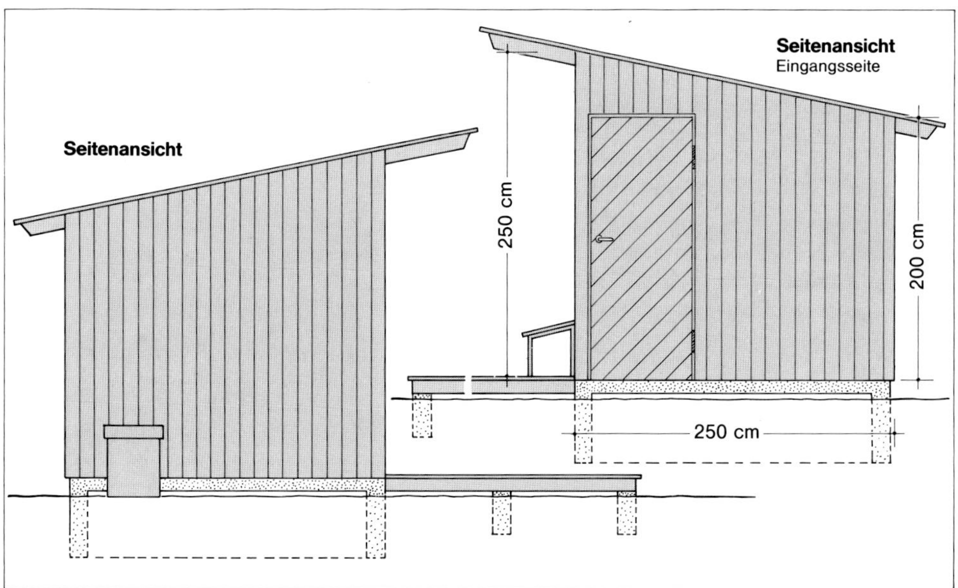

Oben: Die Vorderansicht unseres Stalles: deutlich erkennbar das große Fenster, das für ausreichend Licht und Luft sorgen wird. Unten: Der Hühnerstall in der Seitenansicht von außen.

dem Wohnhaus gelegen sein. Die Fensterfront sollte nach Süden oder Südosten hin ausgerichtet sein, damit möglichst viel Tageslicht einfallen kann und es im Hochsommer nicht zur Überhitzung kommt, was leicht der Fall wäre, würden wir die Fenster an der Südwestfront einbauen. Eine möglichst windgeschützte Lage ist von großem Vorteil, da Hühner sehr zug- und windempfindlich sind. Der Baugrund und die Auslauffläche sollten trocken sein, da sonst mit einem ständig feuchten Stall und einem verschmutzten Auslauf zu rechnen ist. Grundsätzlich gibt es immer die Wahl zwischen feststehenden oder versetzbaren Ställen. Bei versetzbaren Ställen kann es sich naturgemäß immer nur um Behausungen für eine kleine Hühnerherde handeln; es sei denn, man gewinnt einen größeren Hühnerstall durch den Umbau eines Lkw-Anhängers, einer Baubude oder eines Schäferkarrens. So etwas wäre jedoch nur sinnvoll bei einer reinen Hütehaltung ohne Einzäunung, was sich zeitlich gesehen wohl schwerlich jemand leisten kann. Will man ein feststehendes Gebäude errichten, ist ab einer bestimmten Größe eine Baugenehmigung erforderlich. Auskunft über die rechtlichen Gegebenheiten und die einzureichenden Unterlagen erteilt in diesem Fall die örtliche Baubehörde. Wir wollen uns bei den nachstehenden Überlegungen und Planungen an einem feststehenden, großzügig bemessenen Gebäude von 5 × 2,5 m Grundfläche orientieren, wobei die genannten Faustzahlen in der Regel als Mindestgrößen zu verstehen sind.

Stallbau

Fundament

Für das Fundament oder besser die Fundamentstreifen ist ein Fundamentgraben mit etwa 30 bis 50 cm Tiefe und 20 cm Breite auszuheben, der etwa 30 cm über die natürliche Geländefläche hinaus zu verschalen ist. In diesen Graben bringen wir zunächst eine Kiesschüttung von etwa 10 cm Stärke ein und füllen darauf den Beton bis zum oberen Rand der Schalung. Das Einlegen von starkem Draht und diversen Metallstäben, die wir vielleicht noch von irgendwoher verfügbar haben, dient der Erhöhung der Festigkeit und ist daher zu empfehlen. Ist geplant, die Wände in Holzbauweise auszuführen, sollten auch gleich entsprechende Ankerschrauben für die Balkenlage, die auf das Fundament aufgebracht wird, mit eingegossen werden.

Den Boden des Stalles kann man in verschiedener Weise ausführen. Wichtig ist in jedem Fall, daß das Stallbodenniveau etwa 20 bis 30 cm über dem Geländeniveau liegt, damit der Stall trocken bleibt. In der Regel wird mit einer Kiesschüttung begonnen, auf die dann entweder Beton als geschlossene Platte gegossen oder die mit feinem Sand aufgefüllt wird, auf dem dann z.B. Ziegelsteine verlegt werden. In beiden Fällen ist eine leichte Neigung des Bodens mit einer entsprechenden Abflußmöglichkeit vorzusehen. Die Betonplatte bietet den Vorteil einer problemlosen Reinigung und Desinfektion des Stalles, ermöglicht aber keine Luftzufuhr aus dem Unterboden. Verlegt man statt einer geschlossenen Betonplatte Ziegelsteine im Sandbett, die man zusätzlich noch mit Kalkmörtel verfugen kann, hat man durch den ständigen Luftauftrieb von unten immer einen trockenen Stallboden. Zudem wird der biologische Abbauprozeß des Kotes in der Einstreu verbessert, was dem gesamten Stallklima förderlich ist. Voraussetzung dafür ist jedoch das Einbringen von Lüftungsrohren auf dem Niveau der Kiesschicht quer zu den Fundamenten, die erst den gewünschten Gasaustausch durch die Kiesschicht ermöglichen.

Wände

Für die Konstruktion der Stallwände bieten sich als Alternativen Mauerwerk oder eine Holzkonstruktion an. Gemauerte Wände haben den Vorteil der Wärmespeicherfähigkeit und benötigen bei Verwendung entsprechenden Materials keine Wärmedämmung, bieten jedoch für den Laien größere Schwierigkeiten beim Selbstbau und sind zudem meistens teurer. Holzkonstruktionen sind ideal für den Selbermacher. Dazu kann man bei Ställen in Leichtbauweise die Fundamente etwas schwächer auslegen und damit bereits Kosten sparen.

Die *Holzkonstruktion* wird auf das über den Fußboden hinausragende Fundament aufgesetzt und mit diesem über die untere Balkenlage mit den eingegossenen Ankerschrauben fest verbunden. Die Holzständer bzw. das Fachwerk werden beidseitig

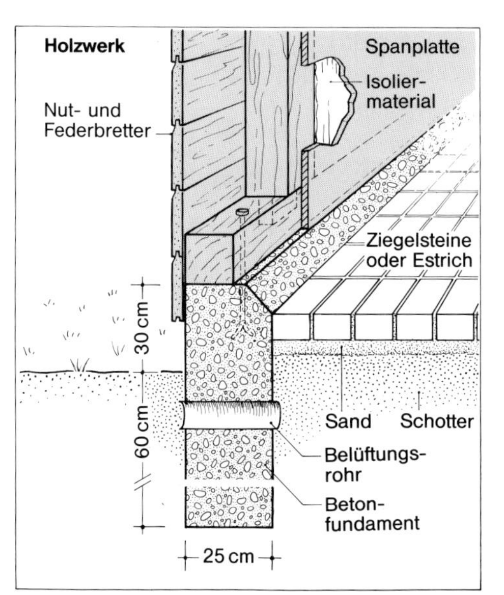

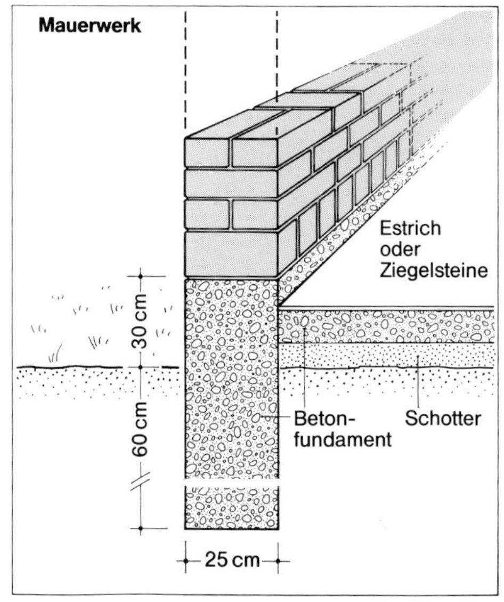

Hier zwei Alternativen für die Fundament-, Boden- und Wandkonstruktion.

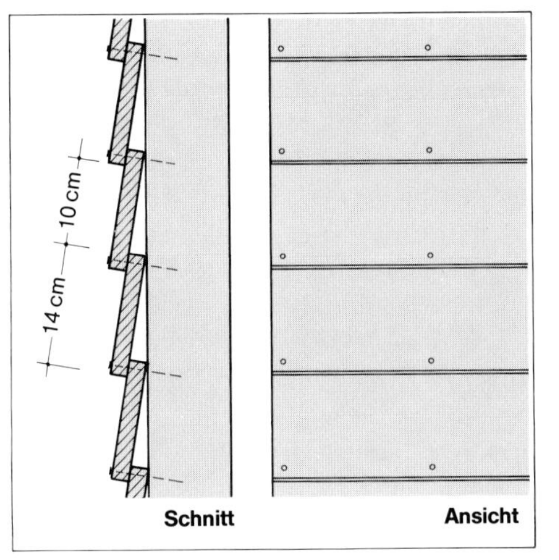

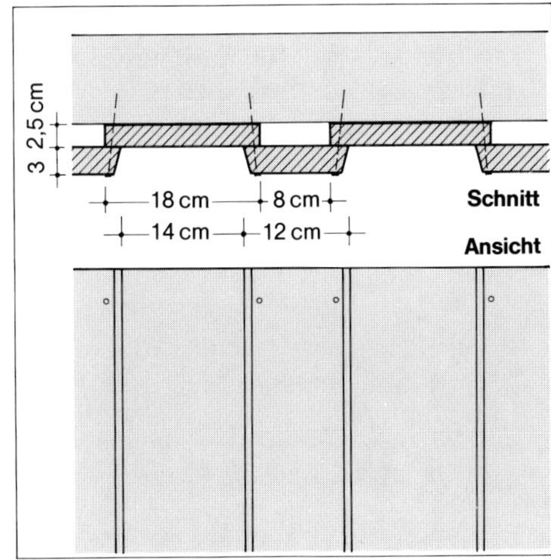

Links Stülpschalung, rechts Deckelschalung für die Außenwand des Stalles. Beides ist zweckmäßig, die Wahl bleibt dem Geschmack überlassen.

mit Holzbrettern beplankt und der Zwischenraum mit Isoliermaterial ausgefüllt. Für die Außenwand können je nach Geschmack und baulichen Gegebenheiten *Stülp-* oder *Deckelschalungen* verwendet werden. In jedem Fall ist darauf zu achten, daß das Regenwasser gut ablaufen kann und sich keine sogenannten Wassernester bilden, die das Holz zum Faulen bringen. Die Innenschalung sollte möglichst mit gehobelten Nut- und Federbrettern oder feuchtigkeitsbeständigen Spanplatten ausgeführt werden, um die Reinigung zu erleichtern. Bei der Schutzbehandlung der Holzschalung im Innenbereich sollte man darauf achten, daß keine giftigen Präparate verwendet werden, da man sonst Gefahr läuft, diese im Ei als Rückstände wieder zu finden. Als Alternativen bietet sich an, chemische Mittel mit dem blauen Engel als Umweltgütezeichen, bzw. biologische Mittel wie etwa Leinölpräparate zu benutzen oder ganz auf eine Behandlung zu verzichten, was unter Umständen dazu führen kann, daß man eher als sonst Teile der Holzschalung ausbessern muß.

Beim *Mauerwerk* genügt innen als Anstrich und gleichzeitig als probates Mittel gegen Ungeziefer das Kalken mit Kalkmilch im Frühjahr und Herbst. Nach einigen Jahren ist jedoch dieser Innenanstrich wieder zu entfernen, da er ab einer gewissen Stärke den wichtigen Gas- und Feuchtigkeitsaustausch durch die Wand verhindert. Die Gestaltung der Außenwand bleibt dem Geschmack überlassen. Eine Behandlung mit Kalkmilch scheint auch hier die einfachste und preiswerteste

Methode zu sein. Ein Kalkzementaußenputz sieht etwas edler aus, erfordert aber entsprechendes handwerkliches Geschick und einen tieferen Griff in den Geldbeutel. Eines sollte man in jedem Fall vermeiden, nämlich – wie heute beim Hausbau oft angepriesen – eine Dampfbremse in Form einer Folie in die Wand einzulegen. Dadurch würde der Gas- und Feuchtigkeitsaustausch nahezu unterbunden. Ein ständig feuchter Stall und damit ein schlechtes Stallklima wären die Folge.

Dach

Als zweckdienliche Dachformen bieten sich für einen Hühnerstall das Pultdach oder das Satteldach an. Beide Formen und auch gewisse Zwischenformen bieten konstruktionstechnisch zufriedenstellende Lösungsmöglichkeiten.

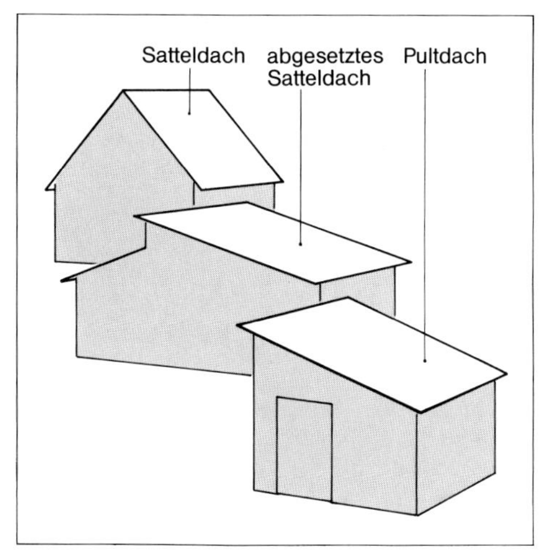

Alle drei gezeigten Dachformen sind grundsätzlich für ein Hühnerhaus geeignet.

Die einfachste und auch preiswerteste Variante ist dabei wohl das *Pultdach*, bei dem allerdings von vornherein die unterschiedlich hohen Wände zu berücksichtigen sind. Dafür entfallen wiederum die Giebelseiten, eine relativ aufwendige Dachkonstruktion sowie das Einziehen einer Zwischendecke. Die simpelste Möglichkeit besteht darin, auf die unterschiedlichen hohen Seitenwände in einem entsprechenden Abstand die Sparren aufzulegen, darauf die Bretter zu nageln und diese mit Teerpappe als Dachhaut abzudichten. Der Nachteil bei dieser Methode liegt darin, daß die Teerpappe bei der Verarbeitung leicht Löcher oder Risse bekommt, dann an diesen Stellen Feuchtigkeit eindringt und das Holz in Fäulnis übergeht. Darüberhinaus werden so eingedeckte Stallungen im Sommer sehr heiß, da zwischen Dachabschluß und Dachhaut keine Luftzirkulation möglich ist. Dies ist im übrigen auch ein Grund dafür, daß das Holz wegen der hohen Luftfeuchtigkeit aus dem Stallinnern von unten her fault.

Besser ist es, natürlich auch kostenintensiver, ein isoliertes Dach zu konstruieren, das nach außen mit einer Dachhaut aus Welleternitplatten abgeschlossen wird. Dachziegel sind für Pultdächer nicht so sehr anzuraten, da Pultdächer in der Regel nur eine geringe Dachneigung aufweisen. Außerdem sind Dachziegel auch teurer.

Gestalterisch ansprechender ist für viele sicherlich das *Satteldach*, da es zumeist auch mit dem nahestehenden Wohnhaus besser harmoniert. Je nach gewählter Dachneigung bieten sich hier zwei Varianten an. Bei einer relativ geringen Dachneigung ein isoliertes Dach mit Welleternitplatten oder auch Ziegeln, bei einer stärkeren Dachneigung (ab etwa 30°) ein nicht isoliertes Dach und das Einziehen einer Zwischendecke. Die Isolierung gegen Kälte wie Hitze kann dabei durch die Lagerung der Einstreu – wie z. B. Strohballen – auf der Zwischendecke erfolgen. So schlägt man drei Fliegen mit einer Klappe: man erhält eine ansprechende Architektur mit einer guten Isolierung und entsprechender Lagerkapazität. Die Dachüberstände sollten so bemessen sein, daß sie den Proportionen des Häuschens entsprechen, darüberhinaus die Wände ausreichend gegen Schlagregen schützen und schließlich beim einfallenden Sonnenlicht nicht entgegenstehen.

Stallklima

Die Lüftung und die Belichtung sind ein ganz besonders wichtiges Kapitel bei der Stallplanung.

Luft

Hühner sind dankbar für viel Frischluft, da sie wesentlich mehr Sauerstoff benötigen als andere Nutztiere. Das wäre nun kein Problem, wenn Hühner auf der anderen Seite nicht außerordentlich empfindlich gegen Zugluft wären. Die Lösung dieser Fragen wird umso schwieriger und aufwendiger, je größer der Hühnerbestand ist. Das gilt in gleichem Maße für die Abluft, mit der die verbrauchte Luft, überschüssige Feuchtigkeit und Stallkeime abtransportiert werden. Bei größeren Beständen (ab 100 Hühner) werden regelrechte Absaugkamine eingebaut, die die bodennahe verbrauchte Luft zentrieren und durch diesen Kamin über das Dach nach außen befördern.

Bei kleineren Beständen reichen diverse *Be-* und *Entlüftungsklappen* ohne mechanische Hilfsmittel wie Ventilatoren völlig aus. Dabei macht man sich das bekannte physikalische Phänomen zunutze, daß kalte Luft auf den Boden sinkt und erwärmte Luft aufsteigt. Diesem Prinzip folgend werden beim Pultdach an der Rückfront – also der niedrigen Wand – zwischen den Sparren Klappen oder Schieber für die Belüftung angebracht. Da jedoch an der Rückfront des Stalles meistens auch die Kotgrube mit den darüberliegenden Sitzstangen angebracht ist, würden die Tiere durch die herabströmende Luft ständig im Zug sitzen. Dagegen kann man sich helfen, indem man die Sparren von unten über die Grundfläche der Kotgrube hinaus mit Holz verschalt, sodaß die Kaltluft zunächst durch diesen Kanal einströmt und erst vor der Kotgrube absinken kann. Die einfallende Frischluft verteilt sich nunmehr im Stall und kann von den Tieren aufgenommen werden.

Die verbrauchte Luft und der unverbrauchte Teil der Kaltluft erwärmt sich in den bodennahen Schichten und zeigt schließlich das Bestreben, nach oben zu entweichen. Für diese Abluft wiederum sieht man entsprechende Entlüftungsklappen in der Vorderfront des Stalles unter

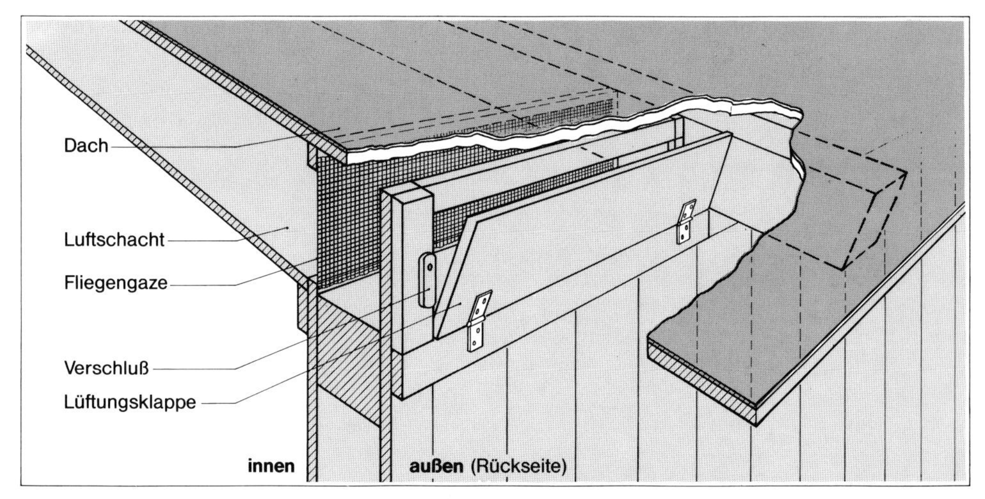

Für die nötige Frischluftzufuhr sorgen solche Lüftungsklappen.

dem Dach oder im oberen Teil des Fensters vor.

In ähnlicher Weise kann man bei Satteldächern verfahren. Hier sollte die Belüftung im oberen Teil der Fenster oder mit entsprechenden Vorrichtungen in Traufhöhe vorgesehen werden, die Entlüftung erfolgt dann über den Dachfirst. Zwei Faustregeln sind hier zu beachten:

1. Keine Lüftungsvorrichtung ohne Schutz vor „Mitessern“ oder Räubern. Spatzen, Mäuse, Ratten und Marder sind am besten durch engmaschige, nicht zu schwache Drahtgitter fernzuhalten.
2. Besser zahlreiche kleine Lüftungseinheiten als ein großes zu öffnendes Fenster. Das gibt dem Hühnerhalter die Möglichkeit, die Lüftung auf die Bestandsdichte und die Witterung optimal abzustimmen.

Licht

Die Belichtung ist die zweite wichtige Komponente bei der Gestaltung der Umwelt unter Dach. Dabei hat das Sonnenlicht gegenüber der künstlichen Beleuchtung den großen Vorteil, daß es nichts kostet und dem Wohlbefinden unserer Tiere besonders förderlich ist. Zu diesem Zweck sollte möglichst an der Südostseite des Stalles ein Fenster eingebaut werden, dessen Größe so zu bemessen ist, daß keine dunklen Ecken im Stall entstehen. Dieser Grundsatz ist wichtig, weil in diese Ecken die bakterientötenden Strahlen der Sonne nicht vordringen können und auch damit zu rechnen ist, daß die Hühner dort vorzugsweise ihre Eier ablegen. Als Faustregel kann hier gelten, daß die Fensterfläche etwa 1/3 der Bodenfläche betragen sollte.

Neben der Größe der Fensterfläche ist auch der Grundriß des Stalles und die Himmelsrichtung von Bedeutung. Quadratische Grundrisse benötigen bis zu einer bestimmten Größe kleinere Fensterflächen als rechteckige Lösungen; und zwar so lange, wie die Höhe des Fensters ausreicht, den hinteren Teil des Stalles noch ausreichend zu belichten. Bei einer Wandhöhe von 2,40 m ist diese Grenze bei etwa 4 m Stalltiefe gegeben. Um auch dem vorderen Teil des Stalles genügend direkte Sonneneinstrahlung zu bieten, sollte man die Fensterbrüstung auf etwa 40 cm anlegen, so daß die Oberkante des Fensters bei 1,50 m Höhe bei 2 m liegt.

Als Material reicht durchaus normales Fensterglas, allerdings sollte man dann für die kalte Jahreszeit Klappläden o.ä. als Wärmeschutz vorsehen. Komfortabler, allerdings auch entsprechend teurer, sind Isolierglasscheiben, die eine zusätzliche Wärmedämmung machen. Eine dritte Möglichkeit besteht darin, für den Winter ein zusätzliches Fenster als Doppelverglasung einzusetzen.

Bei kleineren Ställen, die über kein aufwendiges Lüftungssystem verfügen, sind die Fenster so auszuführen, daß sie geöffnet werden können. Bewährt hat sich dabei ein Kippfenster im oberen Drittel, dessen dreieckiger Öffnungswinkel an den beiden Seiten mit Wandungen aus Holz oder Beton ausgestattet sind, die das seitliche Eindringen von Zugluft verhindern. Ratsam ist es in jedem Fall, von innen gegen das gesamte Fenster einen Drahtrahmen einzusetzen, der verhindert, daß die Hühner die Brüstung verkoten oder durch das geöffnete Kippfenster entweichen. Ideal wäre es noch, wenn man das gesamte Fenster während der heißen Sommermonate herausnehmen könnte.

Tür

Die Tür wird bei der Planung häufig vernachlässigt. Um sich später unnötigen Ärger zu ersparen, sollte man unbedingt folgende Punkte beachten. Zunächst sollte sie absolut dicht konstruiert werden – etwa aus starken Nut- und Federbrettern – und vielleicht in Abstimmung auf die übrigen Stallwandungen eine zusätzliche Isolierung enthalten. Dann sollte sie absolut dicht schließen und zu diesem Zwecke weitgehend verwindungssteif ausgeführt und in einem soliden Türrahmen aufgehängt nach außen zu öffnen sein. Zuletzt sei daran erinnert, daß der fröhliche Hühnerhalter, der beim Ausmisten jede einzelne Gabel aus dem hinteren Teil des Stalles bis an die Tür balancieren muß, weil sein Schubkarren nicht durch die Tür paßt, schnell etwas von seiner Fröhlichkeit einbüßen wird.

Vorraum mit Gerätschaften

Wir werden es als ungemein praktisch empfinden, daß wir bei der Stallplanung auch einen entsprechenden Vorraum für die Lagerung von Gerätschaften, Futter und Einstreu berücksichtigt haben. Hier finden alle die wichtigen Dinge ihren Platz, die wir immer schnell zur Hand haben sollten. Da man nicht in allen Fällen davon ausgehen kann, daß alle Hühner handzahm sind, wir aber in vielen Fällen gezwungen sind, die Tiere anzufassen, ist ein Fanghaken oder ein zusammenlegbares Fanggitter unerläßlich. Für Reinigungsmaßnahmen und zum Verteilen der Einstreu sollten wir als Mindestausstattung verfügen über eine Mistgabel, eine Schaufel, einen Besen, eine Wurzelbürste und einen Schubkarren; ferner über einen Korb zum Einsammeln der Eier, ein Messer zum Zerkleinern von Gartenabfällen und über Hammer, Kneifzange, Schraubenzieher, Schrauben und Nägel für kleinere Reparaturen.

Die Mindestausstattung an Gerätschaften sollte etwa so aussehen. Vorausgesetzt wird dabei, daß der Hühnerhalter mit dem sonst üblichen Werkzeug eines guten Haushalts versorgt ist.

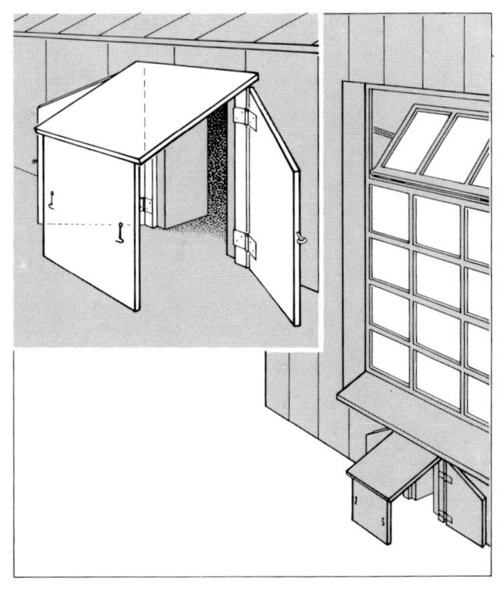

Für den Durchschlupf ist ein Windfangkasten sehr zu empfehlen, da Hühner gegen Zugluft sehr empfindlich sind.

Auch einen Teil der Einstreu können wir im Vorraum lagern. Das hat allerdings den Nachteil, daß sich dort schnell Ungeziefer, insbesondere diverse Nager, einnisten, die sich auch gern aus den Futtersäcken bedienen. Wenn wir aus Platzgründen Einstreu im Vorraum lagern müssen, sollten wir daher immer nur kleine Mengen beziehen, die schnell aufgebraucht werden und damit keinen langfristigen Unterschlupf für diese „Mitesser“ darstellen können.

Ist das Hühnerhaus nicht mit elektrischem Strom ausgestattet, ist eine normale aber leistungsfähige Taschenlampe zur Kontrolle des Bestandes bei der früh einsetzenden Dämmerung in den Herbst- und Wintermonaten ein unbedingt notwendiges Utensil.

Durchschlupf

Wollen wir unseren Hühnern tagsüber einen ständigen Auslauf ermöglichen, müssen wir in die Wand einen Durchschlupf mit einer von außen verschließbaren Klappe oder einem Schieber einbauen. Man rechnet für die lichten Maße etwa 30 cm in der Breite und 40 cm in der Höhe, für Zwerghühner etwa ein Drittel weniger. Bei größeren Beständen sind entsprechend mehr solcher Vorrichtungen vorzusehen. Wichtig ist auch hier wiederum, daß keine Zugluft entstehen kann. Also wird es zweckmäßig sein, den Durchschlupf möglichst nicht gegenüber der Fensterfront anzubringen. Ein geeigneter Punkt ist sicherlich unter oder neben einem Fenster. Für die rauhe Jahreszeit kann man ein übriges tun und vor dem Durchschlupf einen Windschutzkasten aufstellen, der je nach Windrichtung an zwei Seiten geöffnet werden kann.

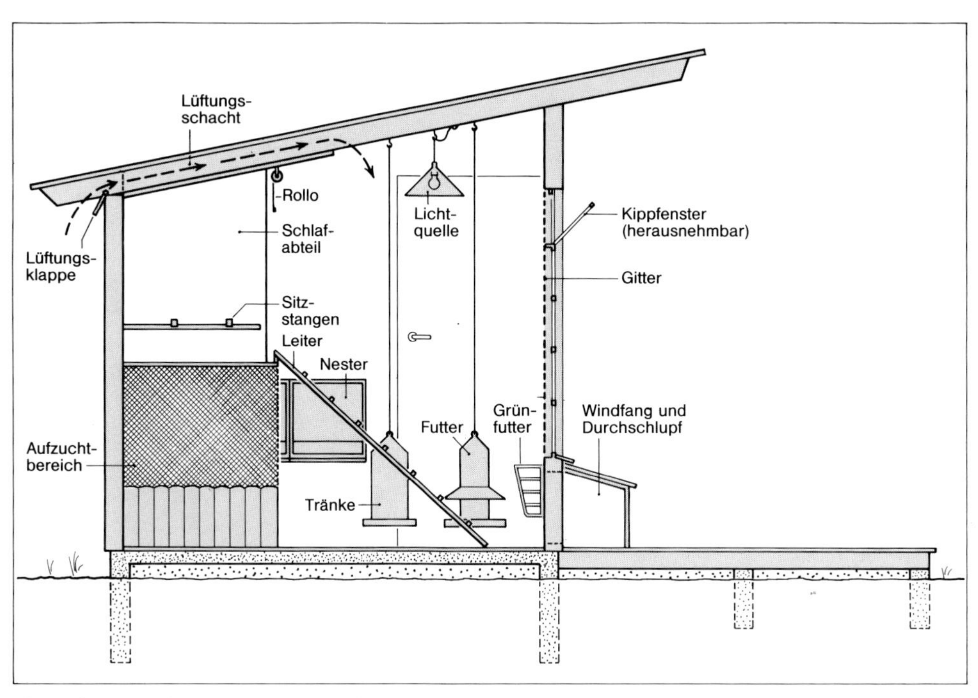

Unser Stall mit Stalleinrichtung im Schnitt – u. a. wird hier auch das Lüftungsprinzip deutlich.

Fassen wir also für die Planung des Stalles zusammen:

- Geeigneten Standort ausfindig machen
- Größe und Grundriß auf die Bestandsgröße abstimmen
- Baumaterial dem eigenen handwerklichen Geschick und/oder dem Geldbeutel anpassen
- Auf ausreichende Isolierung achten
- Ausreichende Belüftung und Belichtung vorsehen
- Zweckdienliche Dachform wählen
- Die Zugangstür groß genug für den Schubkarren auslegen
- Für einen zugfreien Durchschlupf sorgen.

Ein letzer Tip:
Wir sollten unser Hühnerhaus so anlegen, daß wir zum Betreten nicht den Auslauf durchqueren müssen. Das garantiert uns in jedem Fall weitgehend saubere Füße.

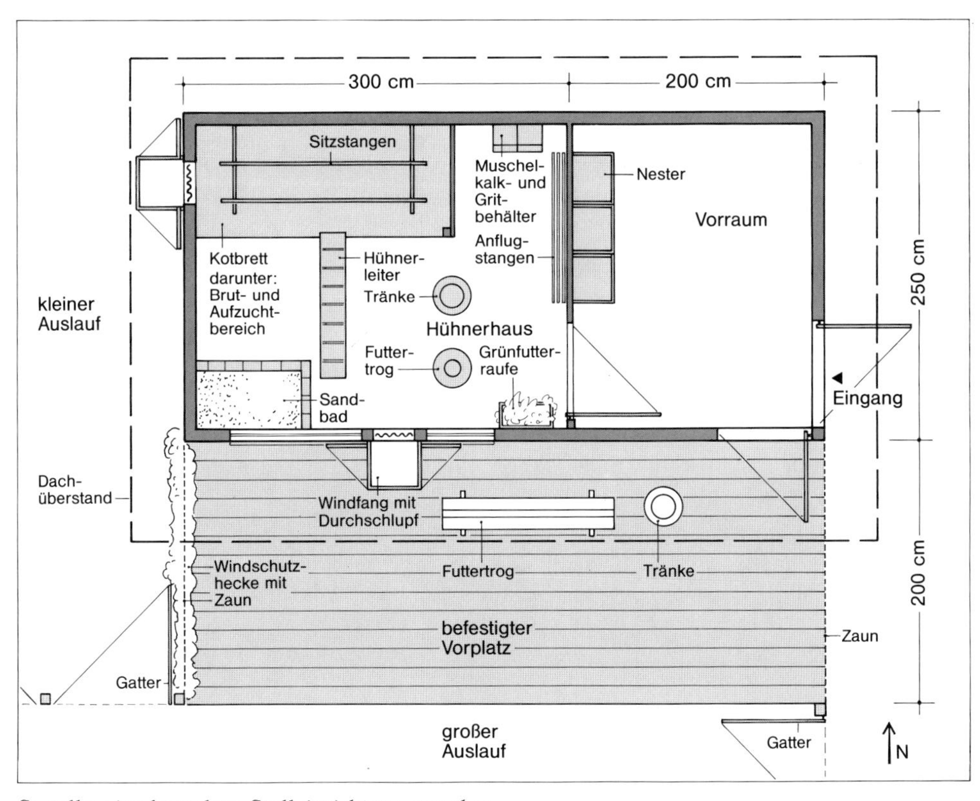

So sollte eine komplette Stalleinrichtung aussehen.

Die Stalleinrichtung

Ist der Stall unter Dach und Fach, können wir uns an die Inneneinrichtung machen. Vernünftig und sinnvoll ist eine Einrichtung, die dem natürlichen Habitat des Huhnes entgegenkommt. Zu bedenken ist also für das Huhn, daß es sich bewegen möchte, hie und da, doch möglichst täglich ein Ei legen soll, wofür es ein geeignetes Nest benötigt, gern einen Platz zum Schlafen reserviert hätte, sauberes Futter und Wasser liebt, gerne auf dem Boden scharrt und im „Sand" badet.

Für die Befriedigung all dieser Bedürfnisse muß der Hühnerhalter Sorge tragen. Damit ihm dies nicht zur Last wird, sollte er eine möglichst funktionelle und arbeitssparende Stalleinrichtung wählen. Doch hat sich gezeigt, daß vor allem bei den Futter- und Tränkebehältern in der Regel den vom Fachmann hergestellten der Vorrang zu geben ist.

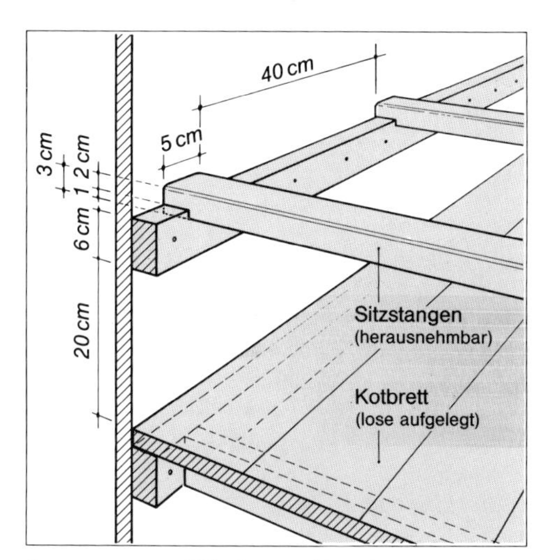

Sitzstangen und Kotbrett sollten herausnehmbar bzw. leicht zerlegbar sein, um die Reinigung zu erleichtern.

Sitzstangen

Der Hühnervogel liebt es in der freien Natur, die Nacht auf einem erhöhten Sitzplatz etwa in einem Baum oder einem Busch zu verbringen, was in der Jägersprache mit dem bedeutsamen Wort „aufbaumen" umschrieben wird. Diese Gewohnheit bzw. diesen Instinkt hat auch unser Haushuhn nicht abgelegt, obwohl es vor Fuchs und Marder durch den es umgebenden Stall geschützt ist. Daher dürfen in einem ordentlichen Hühnerstall die Sitzstangen nicht fehlen. Üblicherweise werden diese über der Kotgrube angebracht. Da unter den Sitzstangen in der Kotgrube verhältnismäßig viel Kot anfällt, ist es ratsam, dieselbe mit einem Drahtgitter so abzuschirmen, daß die Hühner nicht in die Kotgrube gelangen können und dadurch die Gefahr von Krankheiten möglichst gering gehalten wird. Eine zweite und für kleine Bestände gut geeignete Möglichkeit besteht darin, unter den Sitzstangen Kotbretter mit einem leichten Gefälle nach vorn anzubringen, von denen der Kot in regelmäßigen Abständen abgekratzt werden kann, so daß auch hier die Verschmutzung des Stalles und damit die Gefahr der Ausbreitung von Krankheitserregern reduziert wird. Kotbretter von mehr als etwa 1,50 m Tiefe sind jedoch unzweckmäßig, da sie sich im hinteren Teil nur schwer reinigen und die auf der hinteren Stange befindlichen Tiere nur schlecht kontrollieren lassen.

Der Abstand der Stangen von der Wand und untereinander sollte je nach Rasse 35 bis 40 cm betragen, damit die Tiere sich nicht die Schwanzfedern zerstoßen oder ständig gegenseitig belästigen können. Für jedes Tier ist eine Sitzstangenbreite – ebenfalls nach Rasse unterschiedlich – von 20 bis 25 cm zu berechnen, also etwa 4 bis 5 Hühner im laufenden Meter. Wegen der besseren Reinigungs- und Desinfektionsmöglichkeit sollten die Sitzstangen lose in entsprechenden Lagerhölzern aufliegen, d.h. bei einer Breite von 4 bis 5 cm und einer Tiefe von 3 cm etwa 1,5 cm in einer genau passenden Vertiefung versenkt sein. Üblicherweise verwendet man aus hygienischen Gründen glattgehobelte Stangen mit rechteckigem Querschnitt, deren Kan-

Wie seine wilden Vorfahren liebt es auch unser Haushuhn, sich auf einem erhöhten Platz zur Ruhe zu begeben. Dieses Verhalten müssen wir auch bei der Stalleinrichtung berücksichtigen und den Tieren entsprechende Sitzstangen anbieten.

ten auf der Oberseite leicht abgerundet sind. Zu empfehlen ist darüberhinaus, sie im Neuzustand und nach jeder Reinigung einzuölen oder mit einer ungiftigen Lasur zu behandeln, die die Oberfläche glatt hält und den lästigen Milben den Aufenthalt erschwert.

Besonderes Augenmerk ist bei der Konstruktion der Sitzstangen und der Kotgrube bzw. der Kotbretter dem Umstand zu schenken, daß alle Teile leicht auseinandernehmbar und transportabel sind, weil das die Reinigungs- und eventuellen Reparaturarbeiten erheblich erleichtert. Dieser Grundsatz gilt auch für die meisten anderen Stalleinrichtungsgegenstände, auf die wir jetzt zu sprechen kommen.

Schlafabteil

Wollen wir ein übriges tun und unseren Tieren für die Nacht – insbesondere in der kalten Jahreszeit – ein molliges Plätzchen schaffen, können wir die beiden Seiten der Sitzstangen nach oben hin mit Brettern oder Spanplatten abschließen und die Vorderseite mit einem Rollo oder einem Vorhang versehen. Dadurch entsteht ein kleines Séparée, das durch sein geringes Raumvolumen die Eigenwärme der Tiere besser konservieren kann. Manch einem mag diese Konstruktion leicht übertrieben erscheinen, doch hat sie, wie bereits erwähnt, in den Wintermonaten handfeste Vorteile. Besonders leicht lassen sich Lösungen mit Kotbrettern um die genannten Details ergänzen.

Nester

In dem vorhergehenden Abschnitt Stallbau hatten wir bereits erwähnt, daß der Stall in seiner ganzen Breite und Tiefe ausreichend Helligkeit erhalten soll, weil sonst die Hühner ihre Eier in den dunklen Ecken ablegen. Also müssen wir dem Huhn dort dunkle Ecken schaffen, wo wir ihm die Eier wieder bequem und unversehrt entwenden können. Dafür reicht im Grunde eine ausgediente Apfelsinenkiste, die mit dem Boden an der Wand des Stalles befestigt und mit weichem Material ausgepolstert wird. Um dem Huhn das Erreichen des Nestes zu erleichtern, sollte davor eine Anflugstange angebracht werden. Ferner ist es sinnvoll, das untere Viertel der Nestöffnung mit einem Brett

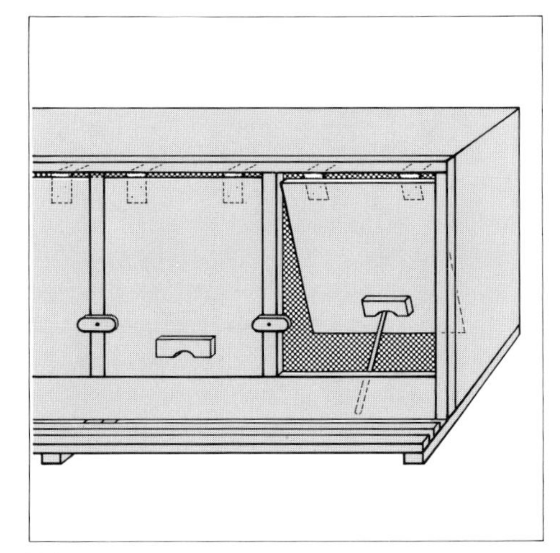

Fallnester ermöglichen uns erst eine genaue Kontrolle über die Legeleistung der einzelnen Henne.

zu versehen, damit die Einstreu und die Eier nicht herausfallen können.

Grundsätzlich unterscheiden wir bei den Nestkonstruktionen *Einzel-* und *Familiennester.* Dabei hat es der Erfindungsgeist des Menschen bei den Einzelnestern zu hochtechnischem Standard gebracht; denken wir etwa an die vielen Formen der Fallnester, die uns hier im einzelnen aber nicht beschäftigen sollen. Das Grundprinzip ist jedoch in der Zeichnung dargestellt. Fallnester haben den Vorteil, daß wir uns bei Bedarf darüber informieren können, welche Henne welches und wieviele Eier legt. Allerdings ist für die Fallnestkontrolle unser Arbeitsaufwand wesentlich höher, weil wir jedes Tier nach der Eiablage einzeln wieder aus seinem „Gefängnis" befreien müssen.

Beim offenen Nest wie beim Fallnest können wir Einstreu verwenden oder z.B. einen mit Sisal bespannten Holzrahmen als Boden einlegen, der in der Mitte ein Loch hat, durch das das Ei über ein schräggestelltes Brettchen in eine Schublade abrollen kann. Die Einstreu hat den Nachteil, daß sie schnell verschmutzt und daher oft gewechselt werden muß. Auf der anderen Seite vermittelt sie der Henne das Gefühl eines natürlichen Nestes. Das aufwendigere Abrollnest läßt der Henne zwar keine Gelegenheit, mit ihrem Produkt in Kontakt zu kommen, doch beugt diese Konstruktion dem Eierfressen vor und garantiert darüberhinaus saubere Eier. Eine weitere Möglichkeit besteht in dem Bau eines sogenannten Familiennestes, das aufgrund seines größeren Nestraumes von mehreren Hennen gleichzeitig benützt werden kann. Um bei diesem Nesttyp Brucheier zu vermeiden, sollten wir eine tiefe Einstreu mit Sägemehl und Hobelspänen vorsehen.

Auch mit solch einem einfachen Nest ist unser Haushuhn durchaus zufrieden zu stellen.

Wichtig ist in allen Fällen, daß die Nester so hoch angebracht sind, daß die Hühner sich bequem auch darunter aufhalten können und somit für Ungeziefer (z.B. Mäuse) keine Chance besteht, sich dort einzunisten. Darüberhinaus sollten die Nester aus bekannten Gründen leicht zerlegbar sein und mit einem abgeschrägten Dach versehen werden, damit sich die Hühner nicht auf denselben aufhalten und sie verschmutzen können. Noch besser ist die von uns gewählte Lösung, nämlich den Nestkörper im Vorraum des Stalles anzubringen. Dadurch schaffen wir im eigentlichen Stallraum mehr Platz und brauchen im übrigen zur Entnahme der Eier nicht durch die Einstreu zu gehen.

Futter- und Tränkgefäße

Zur Versorgung der Tiere mit Futter und Wasser reichen im Grunde die einfachsten Behältnisse aus, also ein einfacher Holz- oder Steintrog für das Futter und eine möglichst irdene Schüssel für das Wasser.

Als zweckmäßiger haben sich jedoch – auch für kleinere Bestände – im Handel erhältliche Automaten oder Halbautomaten erwiesen. Das größte Problem bzw. Ärgernis bei den zuerst genannten primitiven Behältnissen besteht darin, daß bei ihrer Verwendung das Futter oder Wasser sehr schnell verschmutzt, eine beachtliche Menge des Futters vergeudet oder von ungebetenen Zaungästen verzehrt wird. Zumindest für das teure Legemehl und für das Wasser sollte ein Behältnis angeschafft werden, daß uns das tägliche Nachfüllen erspart, das leicht zu reinigen ist und nur wenig Verluste zuläßt. Als preiswerte und bewährte Lösung haben sich der *Rundfutterautomat* (S. 91 oben) und die *Vorratstränke* oben rechts herausgestellt. Je nach Fassungsvermögen reichen beide Automaten für 2 bis 5 Tage, setzt man sie

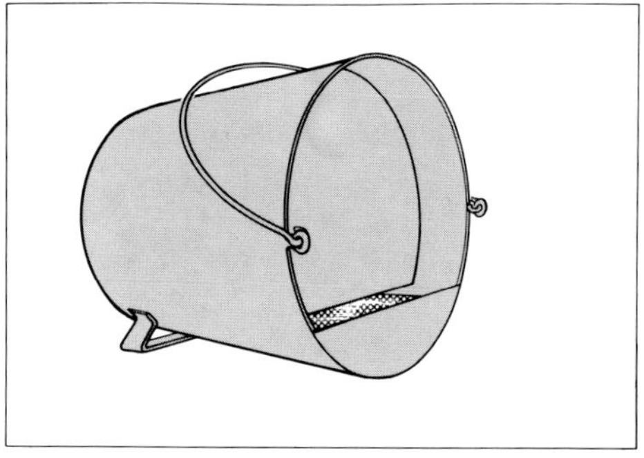

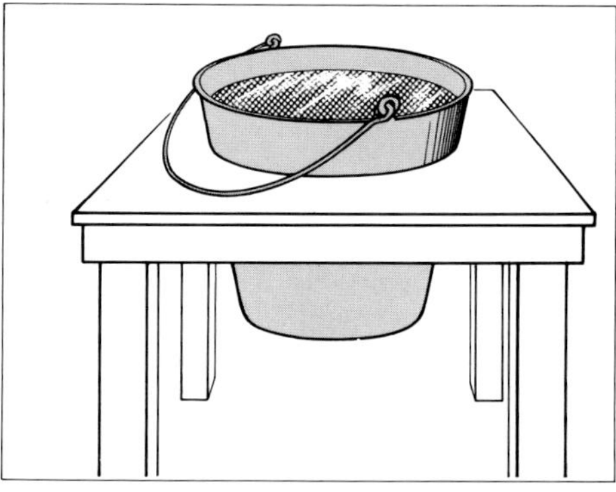

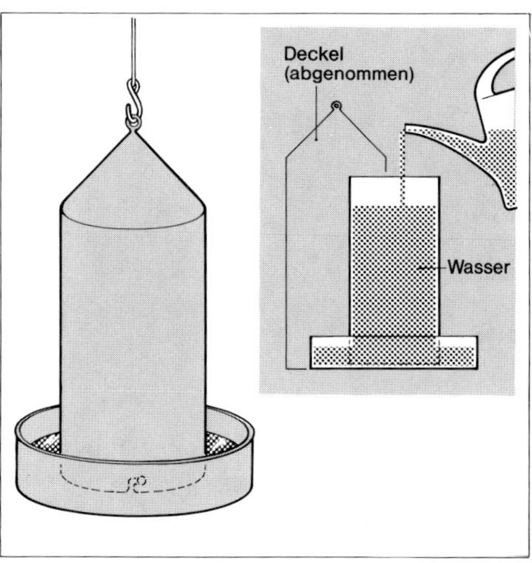

Oben und Mitte: Diese einfachen Eimertränken können wir leicht selbst herstellen.
Unten: Die Vorratstränke ist eine große Arbeitserleichterung.

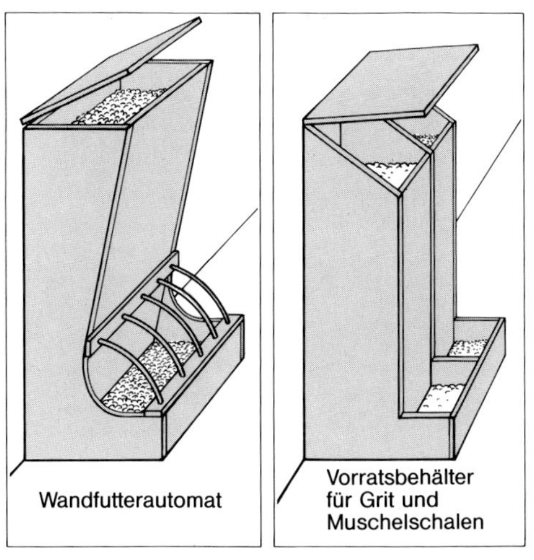

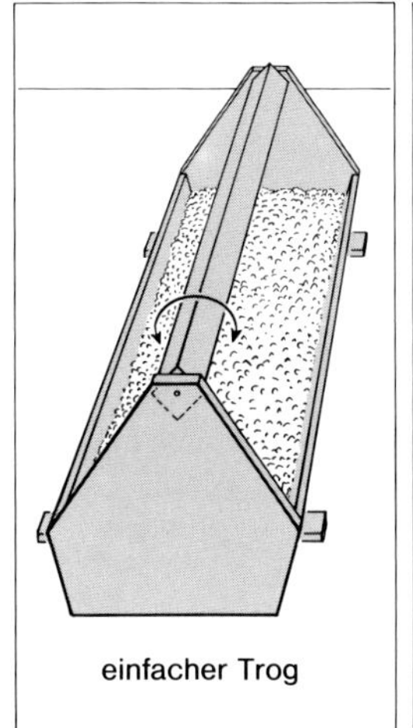

Hier eine Auswahl empfehlenswerter Futterbehälter.

zur Zahl der Tiere und zur Größe des Stalles in ein entsprechendes Verhältnis. Der Futterautomat wird an einer Kette unter der Stalldecke befestigt und auf eine für die Tiere gut erreichbare Höhe eingestellt oder auf eine feste Unterkonstruktion gestellt und vorzugsweise mit Mehl- oder Pelletfutter gefüllt. Er ist auf die nachlaufende Menge einstellbar. Dabei sollte man darauf achten, daß die ringförmige Trogrinne möglichst nur jeweils zu zwei Drittel gefüllt ist, damit die Tiere nicht zu viel Futter mit dem Schnabel herausschleudern können.

Die Tränke wird in der gleichen Weise an der Decke befestigt und analog zum Futterautomaten so hoch über dem Stallboden schwebend aufgehängt oder fest installiert, daß die Hühner noch bequem Wasser bzw. Futter aufnehmen können. Die ringförmige Tränkerinne sollte täglich ausgespült oder ausgeschwenkt werden, weil sich doch immer Staub oder Einstreureste durch das Scharren der Tiere im Wasser niederschlagen.

Ein großer Vorteil dieses Vorratssystems sollte dabei nicht unerwähnt bleiben. Auch ein begeisterter Hühnerhalter möchte sicher einmal am Wochenende oder für längere Zeit verreisen. Hat er nun ein solch pflegeleichtes Fütterungssystem in seinem Stall installiert, wird er immer jemanden finden, der für seine Tiere pro Tag ein paar Minuten opfert. Keine Sorge, auch dieses leicht automatisierte System wird uns nicht gleich unseren Tieren entfremden. Die täglichen Körner- und Grünfuttergaben gewähren einen engen Kontakt mit unseren Schützlingen. Für das Grünfutter ist im übrigen ein extra Grün-

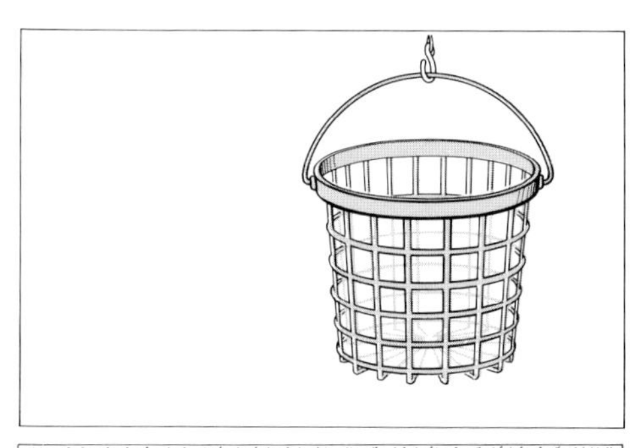

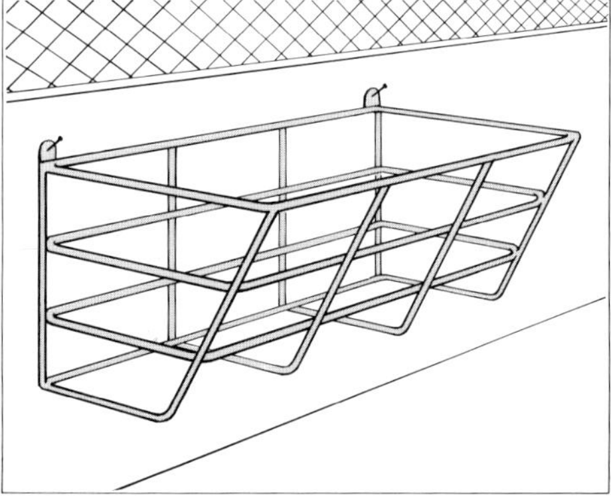

Ein Grünfutterbehälter darf im Stall nicht fehlen.

futterbehälter in Form eines hängenden Korbes oder einer an der Stallwand befestigten Raufe von Vorteil, weil das Grünzeug auf diese Weise nicht verschmutzt oder zertreten werden kann und dem Spieltrieb entgegenkommt. Futter-, Tränkeautomat und Grünfutterbehälter können sowohl über der Kotgrube wie über dem Scharraum angebracht sein. Der Scharraum ist zu bevorzugen, weil aus dem Trog geschleudertes Futter dort noch vom Boden aufgenommen werden kann.

Scharraum

Beobachten wir das Huhn beim Fressen genauer, so wird uns auffallen, daß es mit dem Kopf und mit den Füßen ständig in Bewegung ist. Es frißt nicht wahllos alles in sich hinein, sondern selektiert auch bei dem weitgehend homogenisierten Legemehl sehr stark nach Größe und Beschaffenheit, also nach der Struktur des Futters. Bewegt es sich im Raum vor der Kotgrube bzw. unter dem Kotbrett in der Einstreu, wandert es ständig suchend und scharrend umher. Wegen dieser dem Huhn eigenen und angeborenen Verhaltensweise nennt man den eingestreuten Bereich Scharraum.

Scharren und damit ein ihm arteigenes Bedürfnis befriedigen kann oder wird ein Huhn nur auf einem weichen nachgiebigen Untergrund. Wir sollten daher dafür sorgen, daß dieser Untergrund in geeigneter Form vorhanden ist. Die Einstreu hat jedoch noch andere wichtige Funktionen. Sie soll die anfallenden Ausscheidungen der Tiere binden. Aufgrund des Umstandes, daß das Huhn nur einen Darmausgang und keinen gesonderten Harnausgang hat und sehr häufig (3 bis 6 mal je Stunde) Kot mit Harn absetzt, ist diese Funktion mit Blick auf eine möglichst geringe Geruchsbelästigung und einen möglichst trockenen Stall sehr wichtig.

Zum zweiten ermöglicht die weiche Einstreu den Tieren eine weitere Befriedigung ihrer angeborenen Verhaltensweisen, nämlich im „Sand“ zu baden, d.h. sie

legen sich in die Einstreu und pulvern sich durch Bewegungen mit den Ständern und Flügeln ein, um Parasiten zu bekämpfen.

Dieser Effekt kommt jedoch viel wirkungsvoller zum Tragen, wenn wir unseren Tieren einen regelrechten Sandkasten einrichten, den wir mit Brettern oder Steinen von der übrigen Einstreu abgrenzen und möglichst so legen, daß er durch das Fenster reichlich von der Sonne beschienen werden kann.

Zum dritten erfüllt die Einstreu insbesondere zur Winterzeit die Funktion des Wärmespenders, also der Heizung. Ist der Stallboden – wie im Abschnitt „Stallbau“ ausgeführt – optimal gestaltet, entwickelt sich nämlich in der Einstreu ein reges Bodenleben und damit ein Umwandlungsprozeß des Hühnermistes in Kompost. Dabei entsteht Wärme, die zum größten Teil nach oben abgegeben wird und die Stalluft erwärmt.

Einstreumaterial

Als Einstreumaterial eignen sich unter den genannten Aspekten am besten kurzgeschnittenes Stroh, Torf oder grobes Sägemehl bzw. Hobelspäne. Unter dem Kostengesichtspunkt ist sicher eine Mischung aus Kurzstroh und Hobelspänen am günstigsten und auch durchaus zweckmäßig. Sägespäne haben den Nachteil, daß sie zeitweise von den Tieren aufgenommen werden und ihnen ein Sättigungsgefühl vermitteln, ohne Energie zuzuführen, was sich auf die Eier- bzw. Fleischproduktion naturgemäß negativ auswirkt. Torf hat den Nachteil einer sehr starken Staubentwicklung und ist damit der Stallhygiene nicht sehr förderlich.

Allerdings hat sich Torf als dünne Auflage auf die Kotbretter oder als zeitweilige Zugabe in die Kotgrube sehr bewährt, da er die Feuchtigkeit und den Geruch am stärksten bindet.

Aufsaugvermögen je 100 kg Einstreumaterial

Hobelspäne	145 kg
Sägespäne	152 kg
Weizenstroh	257 kg
Roggenstroh	265 kg
Haferstroh	275 kg
Torfmull	404 kg

Der Auslauf

An den Stall angrenzen sollte ein möglichst großer Auslauf, der den Tieren viel Licht, Luft und möglichst auch Nahrung bietet. Über die Mindestgröße eines Auslaufs sind sich die Experten nicht ganz einig. In jedem Fall jedoch ist ein kleiner gepflegter Auslauf im Zweifel besser als ein größerer Auslauf im Hinterhof zwischen allerlei Unrat und an der von der Sonne abgewandten Seite. Als realistischen Anhaltspunkt kann man sich merken, daß pro Tier mindestens 10 m^2 zur Verfügung stehen sollten. Damit ist der Auslauf im Idealfall so groß, daß er noch unter vertretbarem Kostenaufwand einge-

zäunt und mindestens 1 × unterteilt werden kann. Diese Unterteilung bietet uns die Möglichkeit, die Tiere jeweils von einer abgegrasten und verscharrten Weide auf eine frische umzusiedeln und dieses Spielchen beliebig oft zu wiederholen.

Bewuchs

Nun besteht ein optimaler Auslauf nicht einfach aus einer eingezäunten und mehr oder weniger grünen Fläche. Ein guter Auslauf ist ein von Menschenhand auf die Bedürfnisse des Huhnes ausgerichtetes Biotop. Hat man nur einen Auslauf von

Oben: Welches Huhn träumte nicht von einer solch üppigen Weide. Doch ist unser Haushuhn auch mit bescheideneren Platzverhältnissen zufrieden, soweit wir ihm durch gute Weidepflege einen entsprechend nahrhaften Bewuchs bieten.

Rechts oben: Ein Auslauf im Hinterhof ist nicht gerade der ideale Tummelplatz für unsere Schützlinge. Neben der Verletzungsgefahr durch allerlei herumstehende Gerätschaften sind auch die hygienischen Verhältnisse in vielen Fällen recht mangelhaft.

Rechts unten: Das Ergebnis einer schlechten Weidepflege und Überweidung durch die Hühner präsentiert sich wie hier schon nach kurzer Zeit in einem Auslauf ohne jeglichen Bewuchs. – Soweit sollten wir es nicht kommen lassen.

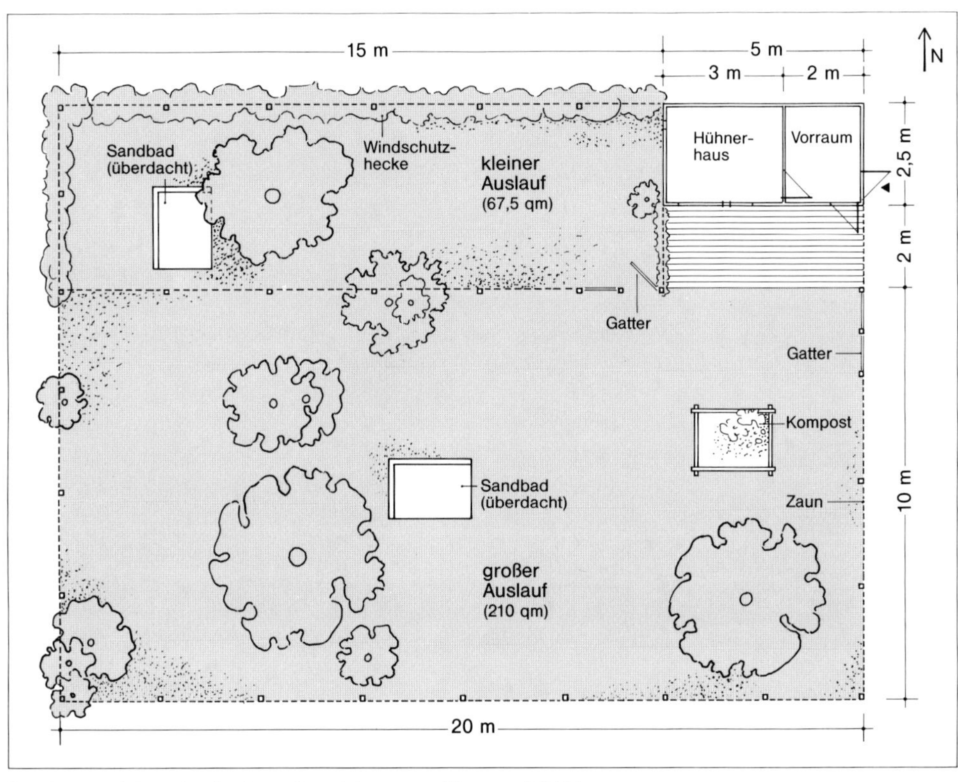

In einem solchen Auslauf werden sich unsere Tiere wohlfühlen.

beschränkter Größe zur Verfügung, ist auf den Bewuchs besonders zu achten. Sonst werden die Tiere nach kurzer Zeit auf einer kahlen Fläche ihre Weide suchen müssen, die sich bei nassem Wetter schnell in Matsch und Sumpf verwandelt.

Für die Einsaat hat sich eine Mischung aus Deutschem Weidelgras, Lieschgras, Wiesenschwingel, Gemeinem Rispengras, Rotschwingel, Kammgras sowie Hornschotenklee und Weißklee bestens bewährt. Die Mischung können wir individuell zusammenstellen und gegebenenfalls auch durch andere Gras- und Kleesorten noch ergänzen. Den Hauptanteil sollte jedoch das Deutsche Weidelgras haben. Diese grünlandsoziologische Gemeinschaft aus verschiedenen Gräsern und Kleearten hat die Aufgabe, den Boden und die in ihm enthaltenen Lebewesen zu schützen sowie den Hühnern als Nahrung zu dienen. Der Bewuchs ist vor allem bei relativ kleinen Flächen einer sehr hohen Belastung ausgesetzt, weil die Hühner ihn nicht nur verzehren, sondern ihn ständig scharrend mit ihren scharfen Krallen bearbeiten, um an Kerbtiere, Samen und sonst allerlei Freßbares zwischen dem Grün und auf der Bodenoberfläche heranzukommen. Da die Hühner jedoch nicht alles Grün abweiden, bilden sich von Zeit zu Zeit kleine gestrüppartige Inseln aus verdorrten Pflanzen, die wir dann abmähen und zusammen mit eventuell aufgeworfenen Maulwurfhaufen gleichmäßig über den Auslauf verteilen. Überhaupt empfiehlt es sich, die gesamte Gründecke zweimal im Jahr zu mulchen und je nach Bodenverhältnissen wenigstens einmal im Jahr zu kalken. Danach sollte der Auslauf ein bis zwei Wochen lang möglichst nicht beweidet werden. Das Düngen besorgen die Hühner schon selbst.

Kompostkiste

Als weitere preiswerte Futterquelle und gleichzeitig als Dünger für unseren Garten dienen viele organische Haus- und Gartenabfälle, die wir in eine mit Brettern abgegrenzte Fläche werfen, wo sie von den Hühnern gern bis auf die von ihnen unverwertbaren Teile verzehrt und zerkleinert werden. Diese Abfälle wie Fallobst, Grasschnitt, Kohlblätter u.a., mit den Exkrementen der Tiere vermischt und von ihnen fein zerkleinert, ergeben den denkbar besten Rohkompost, den wir von Fall zu Fall entnehmen und dem normalen Gartenkompost beimengen. Durch Zugabe von kleinen Mengen Kalk erhalten wir einen Kompost mit hoher Düngekraft.

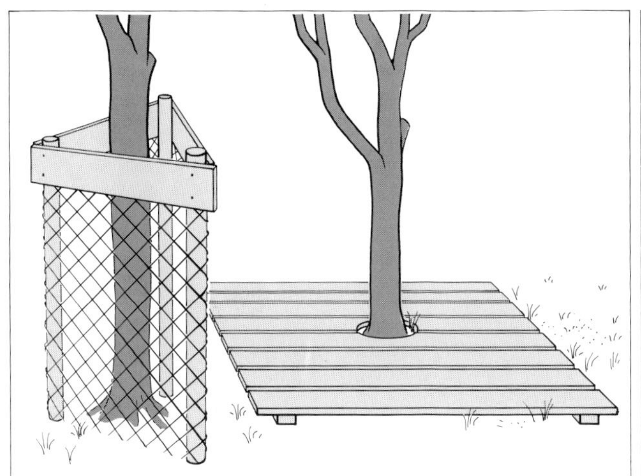

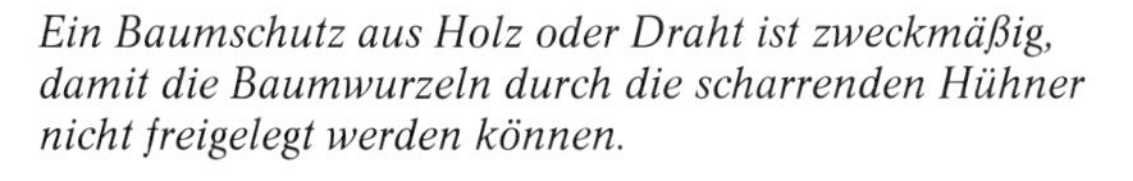

Ein Baumschutz aus Holz oder Draht ist zweckmäßig, damit die Baumwurzeln durch die scharrenden Hühner nicht freigelegt werden können.

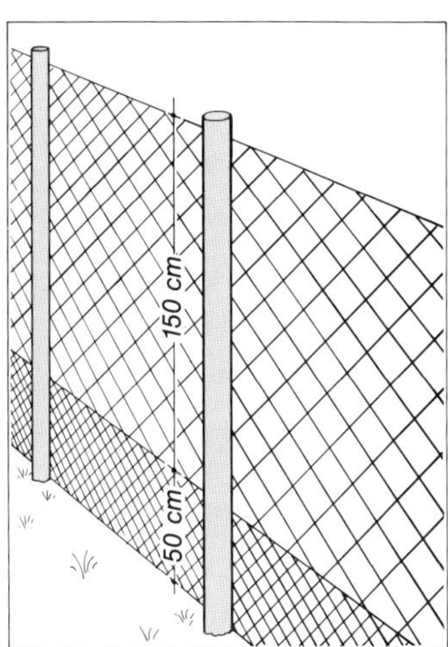

Zaun mit engmaschigem Kükendraht im unteren Bereich.

Beschattung

Wenn irgend möglich, sollte der Auslauf so angelegt werden, daß er auch einen oder mehrere Bäume oder Sträucher umschließt. Im Schatten halten die Tiere besonders an den heißen Sommertagen gern ihre Mittagsruhe. Eine führende Glucke mit ihren Küken findet dort eine besondere Vielfalt an eiweißreicher Nahrung in Form von Kerbtieren und Würmern. Im übrigen bereichert ein Baum oder Strauch die Landschaft um das Haus, spendet vielleicht Obst und bietet darüberhinaus den Hühnern Deckung vor Feinden wie Habicht und Sperber. Sind keine Bäume und Büsche vorhanden oder sind sie noch zu klein, um Schatten zu spenden, empfiehlt sich der Bau eines Schattendaches, das die Tiere an heißen Tagen schützt.

Dankbar sind uns unsere Tiere an heißen Sommertagen für ein schattiges Plätzchen unter Bäumen und Büschen. Hier finden sie Kühlung und noch so manch nahrhaften Bissen.

Sandbad

Dem Wohlbefinden unserer Tiere förderlich ist sicherlich auch ein überdachtes Sandbad, das von zwei Seiten gegen den Wind geschlossen sein sollte. Diese Einrichtung ist ganz einfach aus vier Holzpfosten mit einem schrägen Pultdach zu erstellen, wobei die Rückseite und die dem Wind zugewandte Seite mit Brettern verschalt werden. Darunter wird eine flache Grube ausgehoben und mit Sand gefüllt, dem von Zeit zu Zeit etwas Holzasche gegen Parasiten beigemengt werden kann.

Befestigte Fläche

Vor dem Hühnerhaus legen wir eine befestigte Fläche an, die den Hühnern auch

Einfach und zweckmäßig ist die hier gezeigte Möglichkeit, eine befestigte Fläche vor dem Hühnerhaus anzulegen. Sehr empfehlenswert ist vor allem das überdachte Futterplätzchen.

bei schlechtem Wetter erlaubt, frische Luft zu schnappen und sich die Beine zu vertreten. Am besten erstreckt sich diese Fläche über die ganze dem Auslauf zugewandte Seite des Hühnerstalles mit einer Tiefe von etwa 2 bis 3 m. Als Untergrund eignet sich grober Kies oder auf Kies bzw. Betonsockel verlegte Lattenroste. Wichtig ist, daß der Untergrund schnell wasserabführend, also gut drainiert ist, damit der Regen oder der Gartenschlauch die dort hinterlassenen Exkremente der Tiere leicht in den Untergrund abführen kann. Insbesondere an sonnigen Wintertagen ist dieser Teil des Auslaufs, soweit er von Schnee befreit und abgetrocknet ist, ein beliebter Aufenthaltsort der Hühner. Werden Lattenroste verwendet, so sollten wir darauf achten, daß sie nicht zu groß dimensioniert sind, damit man sie besser reinigen und gegebenenfalls auch reparieren bzw. auswechseln kann.

Einzäunung und Windschutz

Der gesamte Auslauf ist durch einen Zaun abzuschirmen, damit Feinde der Hühner, soweit Tagfeinde in unseren Vorstädten und ländlichen Siedlungen noch auftreten, nicht eindringen und die Hühner selbst sich nicht unserer Kontrolle entziehen können. Als Einzäunung eignen sich Materialien aus Drahtgeflecht ebenso wie Holzgitterzäune oder feste Mauern. Die vorteilhafteste, vielleicht nicht die schönste Lösung besteht in der Errichtung eines Maschendrahtzaunes. Er ist relativ preiswert, ausreichend sicher, gut für den Selbstbauer zu handhaben und wirft keinen Schlagschatten. Letzteres ist besonders wichtig in den Wintermonaten bei tiefstehender Sonne und vor allem bei Ausläufen mit relativ geringer Grundfläche. Der Zaun sollte zwischen 1,80 und 2.00 m hoch sein, da auch das hochgezüchtete Huhn unserer Tage zum Teil noch über eine erstaunliche Flugtüchtigkeit verfügt.

Das Tor ist so zu dimensionieren, daß wir mit einer Schubkarre und sonstigen Gerätschaften bequem hindurchkommen. Bei großen Ausläufen z.B. mit Obstbaumbestand ist zusätzlich ein größeres Gatter zu empfehlen, durch das auch ein Schlepper oder Pkw mit Hänger zur Obsternte, zum Obstbaumschnitt oder zur Grasmad hindurchfahren kann.

Liegt der Auslauf sehr exponiert und ist er stark dem Wind ausgesetzt, sollte man an der dem Wind zugewandten Seite eine schützende Hecke oder einen anderen Windschutz in Form eines Bretterzaunes oder einer Mauer vorsehen. Dabei reichen 2 bis 3 m oft aus zur Bildung eines windarmen Winkels, in dem sich die Tiere bei zugigem Wetter gern aufhalten werden.

Wollen wir selbst Küken aufziehen, ist darauf zu achten, daß der untere Teil des Zaunes bis etwa 50 cm Höhe aus engmaschigem Draht besteht, weil sonst Küken, die durch den grobmaschigen Zaun schlüpfen und von der Glucke nicht mehr beschützt werden können, schnell das Opfer von Katzen oder unbeaufsichtigten Hunden werden.

Das Futter

In der freien Natur sucht sich das Huhn sein Futter selbst. Es ernährt sich dabei vorwiegend von Sämereien aller Art, von Grünzeug verschiedenster Beschaffenheit und von allerlei Tierischem wie Kerbtieren, Würmern, Engerlingen, Schnecken u.ä. Damit ist für das Huhn der Erhaltungsbedarf für den Ablauf der normalen Lebensprozesse sichergestellt. Wir verlangen jedoch von unseren Tieren mehr. Während die Henne in der freien Wildbahn in der Regel pro Jahr ein Gelege ausbrütet und aufzieht, erbringt ihre domestizierte Schwester das 20fache an Leistung. Da wir nun auf der einen Seite nur einen eng begrenzten Nahrungsraum für unser Haushuhn zur Verfügung stellen können und auf der anderen Seite diese gewaltige Leistung von ihm fordern, müssen wir ihm ständig hochwertige Nahrung sowie frisches sauberes Wasser anbieten. Wie der Futter- und Wasserbedarf aussieht, wie man nahrhafte Futtermischungen zusammenstellen kann und welche Fütterungstechniken denkbar und vor allem sinnvoll sind, wollen wir uns auf den folgenden Seiten ansehen.

Futterbedarf

Den täglichen Weidegang der Tiere vorausgesetzt, aber nicht mit eingerechnet, benötigt ein mittelschweres Huhn als Erhaltungsenergie und zur Erzielung einer befriedigenden Legeleistung etwa 120 g Trockenfutter in einer Mischung, die dem Bedürfnis des Huhnes möglichst optimal entspricht. Diese Ration sollte enthalten:

- etwa 55–60% Kohlenhydrate (Getreide)
- etwa 15–20% Pflanzliches Eiweiß (Soja- oder Rapsschrot)
- etwa 10–15% Tierisches Eiweiß (Fleisch- oder Fischmehl)
- etwa 5–10% Fett (Ölkuchen)
- etwa 5–10% Mineralstoffe (Muschelkalk, Grit, Spezialpräparate)
- etwa 4–9% Mühlennachprodukte (Kleie)
- etwa bis 1% Vitamine und Spurenelemente (Fertigpräparate)

Jedem Hühnerhalter ist es unbenommen, diese Komponenten einzeln zu kaufen und nach seinen Erfahrungen zusammenzustellen. Dabei sind die oben angegebenen Prozentzahlen nicht als absolute Größen sondern als Orientierungshilfe anzusehen. Denn schon bald werden wir merken, daß es unmöglich ist, auf kurzfristige Änderungen der Legeleistung mit entsprechenden sinnvollen Veränderungen des Mischungsverhältnisses der Futterration zu reagieren. Zu vielfältig sind die äußeren und inneren Einflüsse auf den komplizierten physiologischen Ablauf bei der Eibildung.

Futterzusammensetzung

Nach unserer Erfahrung ist es empfehlenswert, eine fertige, qualitätsgeprüfte Standardfuttermischung in Mehlform als

Grundfutter zu verwenden und dieses Grundfutter um einen Anteil von einem Drittel Getreide oder einer Getreidemischung zu ergänzen. Selbstverständlich kann man auch auf die Getreidegabe verzichten und die Standardfuttermischung als alleiniges Futter verwenden. Dies hat jedoch den Nachteil, daß die Kosten wesentlich höher sind, da wir bei Getreide durchaus Abfallgetreide, also Bruchkorn und mit Druschabfall vermengtes Getreide verwenden können.
Ein anderes Extrem wäre, auf eine industrielle Futtermischung zu verzichten und nur hochwertiges Getreide, Kleie, entsprechende Eiweißträger und gesondert Vitaminpräparate zu füttern. Diese Methode ist nur dem anzuraten, der aus weltanschaulichen Gründen ein industriell gefertigtes Futter ablehnt und über ausreichend Zeit verfügt, seine Hühner intensiv zu betreuen. Auf dieser Basis würde eine tägliche Ration wie folgt aussehen können.

Morgens:
Weichfutter in Form von gequollener Gerste (10 bis 15 g), Weizenkleie (5 bis 10 g), Knochenschrot (10 g), Sojamehl (5–10 g), Vitamine (1 g)

Mittags und Abends:
insgesamt etwa 100 g Weizenkörner mit einem bescheidenen Anteil Maisschrot, dazu gelegentlich Magermilchquark (umgerechnet auf einen Tag etwa 5–7 g). Nun bleibt noch die Frage offen, in welcher Form bzw. mit welcher Fütterungstechnik wir eine dem Huhn gemäße Fütterung mit entsprechendem Erfolg bei der Haltung der Tiere bewerkstelligen können.

Dazu empfiehlt es sich in beiden Fällen, soweit etwa im Winter kein Auslauf möglich und Grünzeug verfügbar ist, angekeimte Weizen-, Gersten- oder Haferkörner zuzufüttern.

Fütterungstechnik

Gehen wir von unserer Empfehlung aus, zwei Drittel Standardfutter (Legemehl) und ein Drittel Getreide (Weizen, Gerste, Hafer, Mais) zu füttern, ist es am vorteilhaftesten, das Legemehl in einem Futterautomaten zur beliebigen Aufnahme anzubieten. Die im Handel erhältlichen Rundfutterautomaten z. B. bieten die Gewähr für eine einwandfreie Funktion, sauberes Futter und geringen Futterverlust.

Die mehlförmige Konsistenz des Futters bringt die Tiere dazu, sich länger mit der Futteraufnahme zu beschäftigen als bei Futter in Körner- oder Pelletform. Diese Beobachtung ist insbesondere für die kalte und nasse Jahreszeit hilfreich, wenn die Tiere nicht täglich ins Freie können. Dann kann es ihnen nämlich im Stall schnell „langweilig" werden, und damit kommen zum Beispiel Untugenden wie Federpicken oder Eierfressen auf. Je länger die Hühner dann damit beschäftigt sind, Futter aufzunehmen, desto geringer wird die Gefahr solcher Untugenden.

Zusätzlich streuen wir unseren Tieren abends noch Körner in die Einstreu, die rasch aufgenommen werden und sättigen, so daß schnell Ruhe und Müdigkeit in die Herde einkehrt. Außerdem erhalten wir durch diese tägliche Körnergabe den notwendigen und von den meisten Hühnerhaltern gewünschten engen Kontakt mit unseren Tieren aufrecht, indem wir sie dabei mit der Stimme anlocken und zugleich versuchen, sie an Berührungen zu gewöhnen.

Verlegen wir uns auf die intensive Fütterungsmethode, ist der Aufwand größer. Dazu sind Töpfe bereitzustellen, in denen den Tieren das Weichfutter verabreicht wird. Die Gefäße sind nach Gebrauch – wie auch die Futtertröge – gründlich zu reinigen, da die Futterreste schnell säuern und dann zu Verdauungsstörungen führen. Vitaminpräparate werden zugekauft wie auch der Magermilchquark, der ebenfalls in einem extra Trog anzubieten ist. Die Körnerfuttermischung sollte, da sie in diesem Fall die Hauptkomponente der Gesamtfutterration darstellt, aus hochwertigem Getreide mit einem hohen Anteil an Weizen bestehen, will man eine entsprechende Leistung der Tiere erreichen. Mais ist im Körnerfutter nur in Maßen zu verabreichen, da die Tiere sonst verfetten.

Bei jeder Art zu füttern ist eigens ein Gefäß für Muschelkalk oder andere Kalkträger zur unbegrenzten und beliebigen Aufnahme vorzusehen, da die legende Henne naturgemäß einen sehr hohen Kalkbedarf hat. Anzuraten ist – und das kann man in einem kombinierten Trog unterbringen – auch das Bereitstellen von Grit. Hinter diesem Namen verbergen sich kleine Steinchen, die insbesondere bei einem hohen Anteil an Körnerfutter und geringen Freilaufmöglichkeiten dem Huhn die Verdauung bzw. das Zerkleinern der Nahrung erleichtern. Bekanntlich haben Hühner ja keine Zähne, mit Hilfe derer sie die Nahrung zerkleinern könnten. Das alles muß ihr Muskelmagen leisten. Zur Unterstützung desselben nehmen die Hühner in der freien Natur kleine Steinchen auf. Erhalten sie unter ungünstigen Bedingungen diese Gelegenheit nicht, müssen wir ihnen diese Verdauungshilfe im Stall verfügbar machen.

Wasserbedarf

Einer der wichtigsten und oft doch sehr vernachlässigten Bestandteile der Fütterung ist das Wasser. Der tägliche Wasserbedarf eines Huhnes ist nämlich etwa doppelt so groß wie der Futterbedarf, also etwa 250 g pro Tag. Am geeignetsten für kleine und mittlere Bestände sind Rundtränkeautomaten, die etwa in Brusthöhe des Huhnes im Stall aufgehängt werden (siehe Seite 90).

Hält das Wasser eines solchen Tränkeautomaten in der Regel auch für mehrere Tage vor, so sollte man es sich zur Gewohnheit machen, die Tränken täglich frisch zu füllen oder doch zumindest die Tränkrinnen täglich auszuschwenken und zu reinigen. Für größere Bestände eignen sich sehr gut Nippeltränken. Sie haben den Vorteil, daß sie nicht oder nur wenig verschmutzen können und wenig Arbeit machen. Bei Nippeltränken sollte man einen Nippel für etwa vier Tiere vorsehen.

Die Brut

Einige Zahlen

Brutdauer	21 Tage
Schlupfgewicht	35–45 g
Geschlechter-verhältnis	50 : 50
Hauptbrutzeit bei der natürlichen Brut	April–Juni
Eizahl pro Glucke	13–15
Brutnestgröße	45 × 45 cm
Künstliche Brut	
Bruttemperatur	
1.–17. Tag	37,8–38 °C
18.–21. Tag	37 °C
Luftfeuchtigkeit	
1.–19. Tag	55–60%
20.–21. Tag	80–90%
Wenden	
1.–17. Tag	3 bis 4 mal täglich
Schieren	7. + 17. Tag
Lagerdauer des Bruteies	max. 14 Tage
Lagertemperatur	12 bis 14 °C
Luftfeuchtigkeit bei Lagerung	75%

Jeder rechte Hühnerhalter träumt davon, aus seinem Hühnerstamm die Nachkommenschaft selbst zu ziehen. Das ist verständlich und für kleine Bestände auch sicherlich wirtschaftlich. Dabei soll natürlich nicht unerwähnt bleiben, daß es eine reine Freude ist, das Werden und Wachsen der kleinen Hühnervögel von Anfang an mitzuerleben. Ganz anders als bei den meisten Haustieren geht die Sache jedoch hier vonstatten. Aus einem profanen Frühstücksei entsteht plötzlich neues Leben. Alles was man dazu braucht, ist ein befruchtetes Ei, einen Brutplatz, die richtige Temperatur, Luftfeuchtigkeit, Sauerstoffzufuhr und etwas Geschick gepaart mit ein wenig Geduld, wobei sich die letzten fünf Punkte problemlos durch eine Glucke ersetzen lassen.

Das Brutei

Wesentlich für den Erfolg der Brut ist die einwandfreie innere und äußere Beschaffenheit des Eies, das erbrütet werden soll. Wichtig ist auch, daß genügend Hähne in der Herde sind. Als Faustzahl rechnet man bei schweren Rassen mit 10 Hennen auf einen Hahn und bis zu 15 Hennen bei leichteren Rassen. Wir müssen darauf achten, möglichst junge und vitale Hähne zuzusetzen, denn sind sie erst einmal älter als zwei Jahre, zählen sie schon zum „alten Eisen“ und sollten – auch unter dem Aspekt der dann noch leidlichen Genießbarkeit – den Weg in den Kochtopf finden. Weitere Faktoren – für Hahn und Henne mit Blick auf die Qualität des Bruteies gleichermaßen bedeutend – sind die Qualität von Futter und Wasser, ein ausgewogenes Stallklima, optimale Lichtverhältnisse und schließlich ist das sachgemäße

Sammeln und Lagern der für die Brut vorgesehenen und sorgsam ausgewählten Eier von entscheidender Bedeutung.

Auswahl und Lagerung des Bruteies

Das Brutei selbst sollte bei einer mittelschweren Rasse etwa 50 bis 60 g schwer, sauber, absolut unbeschädigt und nicht älter als 14 Tage sein. Gelagert wird es am besten auf Holz- oder Metalltabletts (Horden) bei 12 bis 14 °C und einer relativen Luftfeuchtigkeit von 75% in einem gut belüfteten, aber zugfreien Raum.

Sollten wir einmal in die Verlegenheit kommen, für einen günstigen Bruttermin nicht genügend „brutfrische" Eier zur Hand zu haben, kann man geeignete Eier, die älter als 14 Tage sind, auch auffrischen, indem man sie in einen Topf mit 36 bis 38 °C warmem Wasser legt. Der Topf sollte so isoliert sein, daß er die Temperatur von höchstens 38 °C bis zu drei Stunden etwa konstant hält. Innerhalb dieser Zeit nehmen die eingelegten Eier wieder einen Teil der altersbedingt verdunsteten Feuchtigkeit auf und werden so wieder brutfähig.

Die beschriebene Methode kann jedoch nur ein Hilfsmittel sein, das im übrigen auch nur bei der natürlichen Brut entsprechenden Erfolg hat. Aufgefrischte Eier in künstlicher Brut versagen in den meisten Fällen.

Vor dem Ein- bzw. Unterlegen der Eier sollte man sie mit Hilfe einer Schierlampe auf feine Haarrisse in der Eischale, Blutflecken und vor allem auf die richtige Lage der Luftblase (am stumpfen Pol) untersuchen. Alle drei Merkmale sind wesentlich für den Bruterfolg und von außen nicht sichtbar.

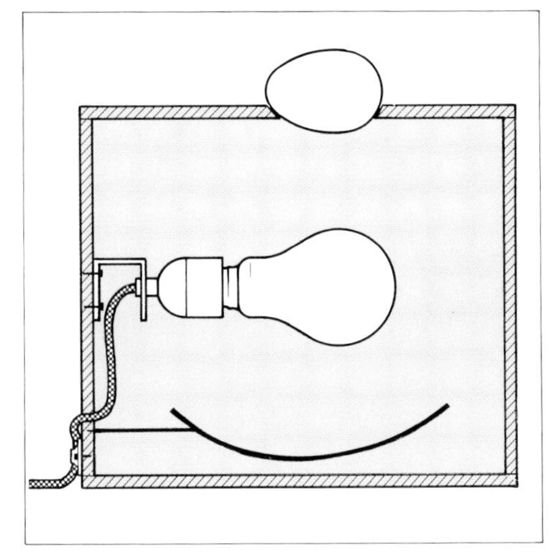

Die Schierlampe ist uns eine unentbehrliche Hilfe bei der Kontrolle der Bruteier wie auch bei den zum Verzehr bestimmten Eiern.

Aufbau des Bruteies

Bevor wir uns nun der eigentlichen Bruttechnik zuwenden, sollten wir uns erinnern, was wir mit dem Ei für ein wundersames Gebilde vor uns haben. Eingebettet in das Eiklar, im üblichen Sprachgebrauch Eiweiß genannt, ist der Dotter, der aus drei verschiedenen Schichten besteht und von der Dottermembran umhüllt ist. Dabei trägt der sogenannte Bildungsdotter

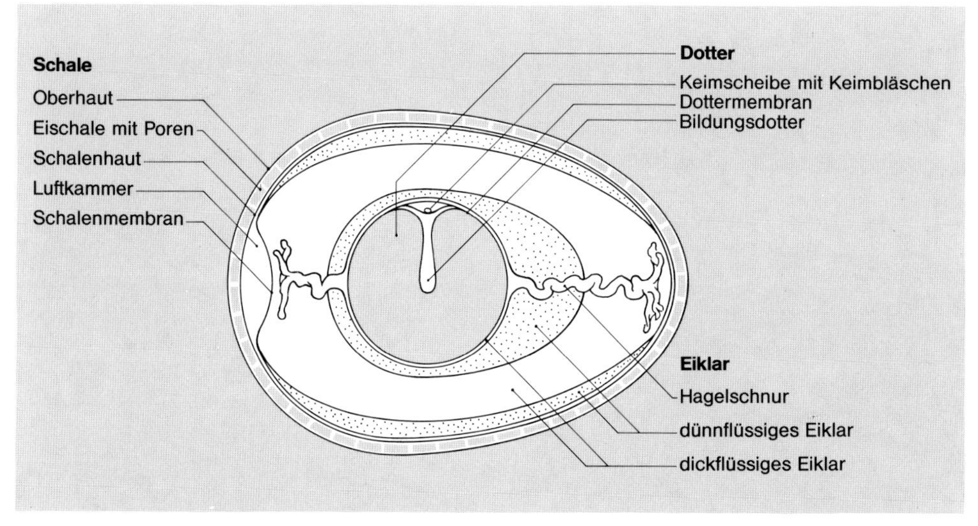

Das Ei in allen Einzelheiten.

die Keimscheibe mit dem Keimbläschen und ist so angelegt, daß er sich in jeder Eilage nach oben ausrichtet.

Das den Dotter mit Keimanlage umhüllende Eiklar besteht ebenfalls aus mehreren Schichten, von denen die erste dickflüssige Schicht die sogenannten Hagelschnüre ausbildet, die an den beiden Eipolen verankert sind und den Dotter in einer schützenden, aber um die Längsachse drehbaren Schwebelage halten. Auf die erste dickflüssige Eiklarschicht folgen eine dünnflüssige, dann eine dickflüssige und wieder eine dünnflüssige Schicht, die schließlich von der Eimembran abgeschlossen wird.

Die äußere Umhüllung des Eies besteht aus der Schalenmembran, der eigentlichen Eischale, wie sie uns täglich ins Auge fällt, und dem sogenannten Oberhäutchen (Kutikula), das das Ei glänzend erscheinen läßt. Die Eischale besteht in ihrem Gerüstaufbau aus netzartig verwobener organischer Substanz und anorganischer Masse als Füllung, im wesentlichen Kalk. Zwar schließt die Schale auf der einen Seite mit ihrer innenliegenden Membran und der außenliegenden Kutikula das Ei gegen Fremdkörper hermetisch ab, doch gewährleistet es dank seiner etwa 10000 feinen Poren optimal den unerläßlich notwendigen Gasaustausch zwischen dem werdenden Huhn und seiner Außenwelt. Bei alldem verfügt es über eine erstaunlich hohe Festigkeit und genügt gleichzeitig dem Anspruch des zarten Kükens, die Schale zum geeigneten Zeitpunkt und an geeigneter Stelle aufbrechen zu können.

Die Bruttechnik

Bei der Bruttechnik unterscheiden wir zwischen *natürlicher* und *künstlicher* Brut. Beide Techniken sind für kleinere Bestände möglich und geeignet. Dabei erfordert die natürliche Brut jedoch mehr Fingerspitzengefühl und Geduld, da hier der Erfolg auch wesentlich von der Glucke und den sie beeinflussenden Umweltfaktoren abhängt. Legt der Hühnerhalter größeren Wert auf Sicherheit und damit Wirtschaftlichkeit, so ist ihm sicherlich eher die künstliche Brutmethode zu empfehlen, wobei das Wort „künstlich" nicht wertend gemeint sein kann, sondern lediglich verdeutlichen soll, daß das von der Glucke erzeugte Brutklima durch ein technisches Gerät nachgeahmt wird. Im übrigen sind künstliche Bruttechniken schon vor hunderten von Jahren in manchen Kulturvölkern mit Erfolg angewendet worden. Dies belegen Zeugnisse aus dem alten China und Ägypten. Im europäischen Kulturkreis kennen wir die künstliche Bruttechnik auch bereits seit etwa 200 Jahren. Bei diesen alten Techniken wurden z.B. Holzfeuer, Heißwassersysteme, Pferdemist und andere Wärmequellen benutzt. Diese Methoden waren naturgemäß noch sehr unzuverlässig, doch waren sie als ergänzende Maßnahmen zur natürlichen Brut hoch willkommen und leiteten die Anfänge einer gewerblichen Hühnerproduktion ein. Doch erst der elektrische Strom versetzte den Menschen in den Stand, ein wenig arbeitsaufwendiges und leicht steuerbares System zu entwickeln, das einen hohen Bruterfolg garantiert. Damit war die Grundlage für die Massenvermehrung und Massenaufzucht des Huhns geschaffen.

Natürliche Brut

Die natürliche Brut durch die Glucke ist für den begeisterten Halter einer kleinen Hühnerherde ungleich reizvoller. Wem möchte nicht beim Anblick einer Glucke mit ihren winzigen Federbällchen das Herz aufgehen, ganz zu schweigen von den wenigen Menschen, die heute noch so etwas erleben dürfen.

Die Glucke

Zur „natürlichen" Brut gehört eine Glucke. Da stellt sich zunächst die Frage, wie bekommen wir eine Glucke oder wie erkennen wir, ob eine unserer Hennen gluckt. Dazu sollten wir wissen, daß bei den modernen Wirtschaftsrassen der Bruttrieb weitgehend weggezüchtet wurde, um die Eierproduktion nicht zu unterbrechen; denn Glucken legen keine Eier. Daher werden wir bei Haltung einer solchen Rasse oft vergeblich auf eine Glucke warten. Bei vielen Zwerg- und alten Landrassen jedoch werden wir hier weniger Schwierigkeiten haben. Werden die Tage wärmer und länger, haben wir frisches Grünfutter und andere Leckerbissen in Hülle und Fülle zur Verfügung, werden wir beobachten können, daß sich eine der Hennen plötzlich auffällig benimmt und auch äußerlich verändert. Sie gibt glucksende Laute von sich, sondert sich ab und streift suchend umher, bekommt einen eingefallenen, weißlich gefärbten Kamm und stellt das Eierlegen ein. Auch dem Hahn geht sie aus dem Wege und bleibt, nähern wir uns ihrem Nest, auf demselben sitzen. Wenn wir sie vorsichtig trotz ihrer Drohungen oder gar heftigen Gegenwehr aus dem Nest nehmen und an der Bauchseite die bekannte Brutflecken – gerötete Stellen auf trockener, fast federloser Haut – entdecken, wird unser Verdacht zur Gewißheit. Geben wir jetzt nicht acht, wird sie eines Tages vorübergehend verschwunden sein und in einem verlassenen Winkel brüten oder sich auf den Eiern ihrer Kolleginnen breit machen.

Der Grund für ihr merkwürdiges Verhalten ist in einer Veränderung ihres Hormonhaushaltes zu suchen. Die physiologischen Zusammenhänge jedoch, die für das Brutverhalten bestimmend sind, sind bisher nicht bekannt. Allerdings vermutete man früher, daß es beim Brütigwerden im Bereich der Brust und des Bauches zu einer Erhöhung der Körpertemperatur komme, die der Henne offenbar unangenehm wird und der sie durch den Kontakt mit möglichst vielen kühlen Eiern zu begegnen sucht.

Gleicht sich im Laufe der Zeit die Eitemperatur an die Körpertemperatur an, würde sie die Eier mit dem Schnabel wenden, um die kühlere Unterseite derselben nach oben zu befördern. So sei das Geheimnis zu erklären, daß eine Glucke so ausdauernd auf einem Gelege sitzt.

Diese Erklärung mag für den Laien auf der Hand liegen und auch mit oberflächlichen Beobachtungen übereinstimmen, doch wissen wir heute, daß die Körpertemperatur auch bei der brütigen Henne weder insgesamt noch in Teilbereichen ansteigt. Wir wissen also – wie in vielen Fällen – mehr, aber sind auch gleichzeitig um eine reizvolle Erklärung ärmer.

Das Nest

In einer möglichst zugfreien halbdunklen Ecke des Stalles, etwas abgeschirmt von dem übrigen Hühnervolk, bauen wir der gluckenden Henne ein Nest. Das können wir bewerkstelligen, indem wir eigens eine Nistkiste zimmern, die wir weich auspolstern. Eine einfachere Möglichkeit besteht darin, der gluckenden Henne ein Nest auf dem Boden zu bereiten. Dazu stechen wir eine entsprechend große Grassodenplatte aus und legen sie mit den Wurzeln nach oben auf den Boden des Hühnerstalles, darüber decken wir Heu oder Stroh als Nistmaterial. Um zu verhindern, daß das Nest verrutscht oder breit getreten wird, umgibt man die Grasnarbenplatte ringsum mit Ziegelsteinen.

Das Brutgeschäft

Um die Glucke an das Nest zu gewöhnen, legen wir am besten zu Anfang einige Porzellaneier ins Nest. Gleichzeitig bemühen wir uns um geeignete Bruteier. Für die Suche können wir uns ruhig Zeit lassen, denn es wird einige Tage dauern, bis die Glucke das Nest angenommen hat und fest sitzt beim Brüten.

Haben wir eine mittelschwere Henne vor uns, können wir ihr dann 12 bis 15

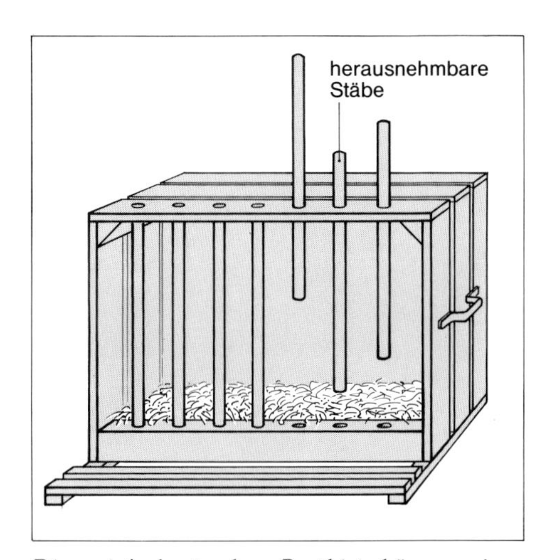

Diese einfache, tragbare Brutkiste können wir auch zur Brutentwöhnung einsetzen (s. auch Seite 114).

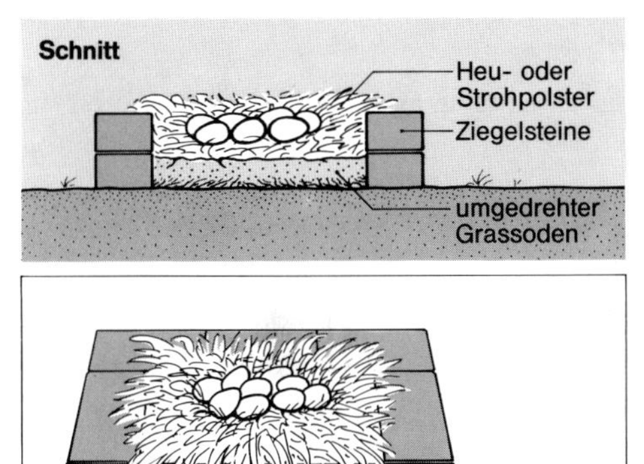

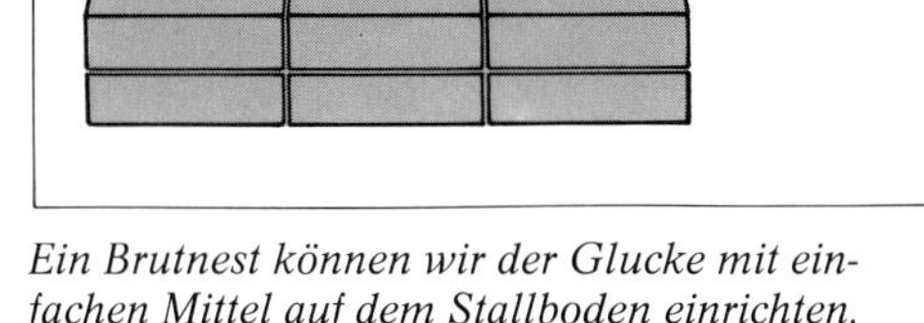

Ein Brutnest können wir der Glucke mit einfachen Mittel auf dem Stallboden einrichten.

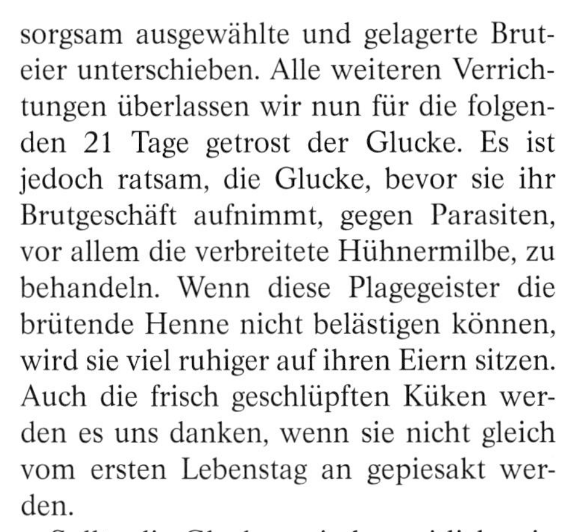

sorgsam ausgewählte und gelagerte Bruteier unterschieben. Alle weiteren Verrichtungen überlassen wir nun für die folgenden 21 Tage getrost der Glucke. Es ist jedoch ratsam, die Glucke, bevor sie ihr Brutgeschäft aufnimmt, gegen Parasiten, vor allem die verbreitete Hühnermilbe, zu behandeln. Wenn diese Plagegeister die brütende Henne nicht belästigen können, wird sie viel ruhiger auf ihren Eiern sitzen. Auch die frisch geschlüpften Küken werden es uns danken, wenn sie nicht gleich vom ersten Lebenstag an gepiesakt werden.

Sollte die Glucke zwischenzeitlich – in der Regel täglich zur gleichen Zeit – das Nest verlassen, darf uns das nicht beunruhigen. Auf der einen Seite tut es den Eiern gut, kurzzeitig ein wenig abzukühlen und von Frischluft umspült zu werden, auf der anderen Seite muß natürlich auch die Glucke während ihres anstrengenden Brutgeschäftes Nahrung und frisches Wasser aufnehmen. Am besten stellt man ihr in der Nähe des Nestes eine gesonderte Ration zur beliebigen Aufnahme bereit. Weichfutter und Grünzeug sollte man allerdings wegen der Gefahr des raschen Verderbs und damit verbundener möglicher Durchfallerkrankungen vermeiden. Auch der Zugang zu einem Staubbad sollte nicht fehlen.

Brutdauer im Vergleich

Tauben	18 Tage	Enten	27 Tage
Hühner	21 Tage	Gänse	30 Tage
Puten	27 Tage		

Das Schlüpfen aus dem engen Ei bedeutet für das kleine Wesen Schwerstarbeit. Mit unvorstellbarer Energie arbeitet sich „Nr. 8“ aus dem dunklen Gefängnis dem Licht entgegen.

Künstliche Brut

Zur „künstlichen Brut“ benötigen wir einen Brutapparat oder eine in der Nähe befindliche gewerbliche Brüterei, der wir unsere Eier anvertrauen.

Der Brutapparat

Auch für den kleinen Hühnerhalter gibt es heute handliche Brutapparate zu erschwinglichen Preisen. Geschickte Zeitgenossen können sich einen solchen Apparat sogar selbst bauen. Er besteht bei einfacher, aber ausreichender Ausführung aus dem Gehäuse mit Sichtfenster, einem Metallgitter als Boden, das durch elektrischen Strom erwärmt und mittels Regler auf der entsprechenden Temperatur gehalten wird und einem Wärme- und Luftfeuchtigkeitsmesser sowie einer Vorrichtung, die die Zufuhr von genügend Sauerstoff gewährleistet.

Ein eigener Brutapparat bietet uns die Gelegenheit, das Brutgeschehen noch intensiver zu beobachten als bei der natürlichen Brut. Gerade für Kinder ist das ein besonders reizvolles und interessantes Erlebnis.

Je nach Größe und Bauart ist die Kapazität dieser Kleinbrüter unterschiedlich ausgelegt. In der Regel ist man jedoch gut beraten, die angegebene Kapazität nicht ganz auszuschöpfen. Haben wir die gewünschte Zahl an Bruteiern beisammen,

werden sie gleichzeitig eingelegt und der Eingabetag wird notiert.

Das Schieren

Während der insgesamt 21 Tage dauernden Brutaktion werden die Eier am 7., Bruttag erstmals durchleuchtet, in der Fachsprache „geschiert". Dazu verwenden wir die Schierlampe, die wir schon beim Durchleuchten der zur Brut auserwählten Eier benutzt haben. Eier, die keine Veränderung gegenüber dem Tag des Einlegens in den Brutapparat zeigen, also beim Durchleuchten klar erscheinen, werden ausgesondert, da sie entweder nicht befruchtet oder abgestorben sind. Befruchtete Eier erkennt man in diesem Stadium an der sogenannten Blutspinne, also dem Ausbilden der Blutgefäße. Abgestorbene Eier sind in diesem Stadium vom Laien nicht sehr leicht zu identifizieren. Daher ist es ratsam, diese erst zu einem späteren Zeitpunkt zu entfernen. Die zweite Schieraktion unternimmt man am günstigsten am 17. Tag, gleichzeitig ist die Temperatur etwas zurückzunehmen und die relative Luftfeuchte zu steigern.

Das Wenden

Bei großen, gewerblichen Brutautomaten erfolgt neben der Regulierung der Temperatur, Luftfeuchtigkeit und Sauerstoffzufuhr auch das Wenden automatisch. In kleinen Brutapparaten müssen wir diesen Service von Hand übernehmen.

Drei- bis viermal täglich ist ausreichend. In jedem Fall sollten wir hier behutsam mit dem werdenden, zarten Leben umgehen und die Eier jeweils vorsichtig um 1/3 bis 1/4 der Längsachse drehen, damit der Embryo nicht an der Schale festklebt. Zudem ist es ratsam, die Eier mit einem Bleistift entsprechend zu kennzeichnen, damit wir immer wissen, an welcher Stelle wir mit dem Wenden begonnen haben. Die kritischsten Phasen liegen zwischen dem dritten und fünften Tag, in denen das Atmungssystem ausgebildet und der Stoffwechsel auf die komplizierte Verarbeitung von Eiweiß und Fett umgestellt wird, sowie zwischen dem 18. und 20. Bruttag, wo der Übergang der Atmung auf die Lunge erfolgt. Von diesem Zeitpunkt ab produziert das Küken erheblich mehr Eigenwärme. Um es vor Überhitzung und den daraus entstehenden Folgen zu schützen, müssen wir die Temperatur um etwa 1 °C drosseln.

Die Entwicklung des Embryos

Die Zellteilung beginnt bereits unmittelbar nach der Befruchtung noch während des Aufenthalts des Hühnereies im Eileiter der Henne, also schon lange vor Beginn der Brut; allerdings nur bis zum Stadium von etwa 250 Zellen, dann wird der Zellteilungsprozeß unterbrochen und erst wieder durch das Brutklima angeregt.

Würden wir nun die Bruteier täglich untersuchen, könnten wir die Entwicklung des Embryos genau verfolgen. Aus der zunächst einfachen Zellage werden mehrschichtige Gebilde, die sich wiederum bald in verschiedene Zellformationen differenzieren und die sogenannten Keimblätter ausbilden, nämlich

- das Ektoderm oder äußere Keimblatt, aus dem die äußeren Teile des Huhnes wie Haut, Feder, Füße, Rücken und das Nervensystem gebildet werden;
- das Mesoderm oder mittlere Keimblatt, aus dem Geschlechtsorgane, die Muskeln und Knochen entstehen und sich der Lebenssaft, das Blut, bildet;
- das Entoderm oder innere Keimblatt, das für die Bildung der Atmungsorgane, der Drüsen und der Verdauungsorgane verantwortlich ist.

All das vollzieht sich vor unseren Augen in einem engen, von einer Kalkkapsel umschlossenen Hülle in ganzen 21 Tagen. Am 16. bis 17. Tag durchbricht der Embryo den geschlossenen Kreislauf im Ei. Dann schiebt sich der Schnabel in die Luftblase und das Küken beginnt über seine Lungen zu atmen. Damit ist ein wichtiger Entwicklungsabschnitt beendet.

Der Schlupf

In der Normallage ist das kleine Wesen mit dem Oberkörper zur Luftblase hin ausgerichtet, wobei die Füße eng am Körper anliegend ebenfalls in Richtung Luftblase zeigen, während der Kopf zunächst unter dem rechten Flügel steckt. Wenn der Schlupfvorgang einsetzt, zieht das Küken seinen Kopf unter dem Flügel hervor und beginnt mit einem auf seinem Schnabel befindlichen Hornhöcker, dem sogenannten Eizahn, die Eischale von innen aufzubrechen. Gleichzeitig stemmt es in entgegengesetzter Richtung seine kräftigen Beine nach vorn unten und liefert damit seiner „Kopfarbeit" den gehörigen Nachdruck. Zwischendurch wird es Pausen machen, um sich von der Plackerei zu erholen. Eduard Baldamus, Dr. phil. honor., schrieb dazu 1876:

„Behufs Erleichterung der schwierigen Aufgabe seiner Befreiung hat das Hühnchen an der Spitze des Oberschnabels einen ziemlich scharfen und harten Auswuchs erhalten, mittels dessen es in kürzeren oder längeren Zwischenräumen – zuweilen von 10 Minuten und länger – zwei drei und mehrere heftige Stöße gegen die Schale ausführt. Obwohl diese mürbe geworden, erfordert ihr Zerbrechen doch eine große Kraft, welche bewundernswerth erscheint, wenn man die unbequeme Lage in Betracht zieht, welche ein weites Ausholen zu den Hieben unmöglich macht."

Hat das Küken schließlich den Kampf gewonnen und sich freigestrampelt, sieht es anfangs noch verklebt und recht unproportioniert aus. Doch in kurzer Zeit wird es schon recht sicher auf seinen kräftigen Beinchen stehen und, sobald es trocken geworden ist, das Aussehen eines kleinen Federbällchens annehmen, was Erwachsene und vor allem unsere Kinder so sehr entzückt. Schon bald wird es unter Anleitung seiner Mutter mit seinen Geschwistern auf Entdeckungsreise gehen.

Probleme bei Brut und Schlupf

Nicht immer geht es so glatt ab. Manche Küken schaffen den letzten Schritt zum Licht nicht und bleiben im Ei stecken, sind mißgebildet oder haben eine so schwächliche Konstitution, daß sie die ersten Minuten und Stunden nicht überleben. Das kann viele Ursachen haben, die wir vor allem bei der künstlichen Brut günstig beeinflussen oder ganz ausschalten können. Mögliche Fehler, ihre Ursachen und Hinweise für die Abhilfe sind in der nachstehenden Übersicht zusammengestellt (siehe Seite 115).

Einzelne Symptome und die entsprechenden Ursachen treffen auch für den natürlichen Brutprozeß zu. Insbesondere die Faktoren, die ihren Ursprung in der Zeit vor der Brut haben, sind hier zu nennen; also fehlerhafte Fütterung und Haltung der Elterntiere, unsachgemäße Lagerung der Bruteier u.ä. Wichtig ist auch, der Glucke nicht zu viele Eier für das Brutgeschäft unterzulegen; weniger ist hier mehr. Lediglich bei den Brutfaktoren selbst sind uns die Hände gebunden. Hier ist das Verhalten der Glucke entscheidend verantwortlich für den Bruterfolg. Über die Gestaltung der Umwelt für die brütende Henne können wir jedoch günstig Einfluß nehmen, indem wir ihr möglichst viel Ruhe gönnen, die stallklimatischen Bedingungen weitgehend konstant halten und für ausreichend gutes Futter und frisches Wasser sorgen.

Unerwünschtes Glucken

So schwierig es oft ist, heutzutage noch geeignete Tiere für die natürliche Brut zu finden, kann es doch auch im Gegenteil geschehen, daß wir bei günstiger Witterung zu viele brutlustige Damen im Stall haben. Das bedeutet für uns weniger Eier und viel Unruhe in der Herde. Gleichermaßen – um die Henne zum Brüten zu veranlassen wie auch wieder davon abzubringen – hat der Mensch Methoden ersonnen, die oft nur mit Tierquälerei bezeichnet werden können. Besonders die Art und Weise, das Brütigwerden zu verhindern, hat außergewöhnliche Varianten hervorgebracht. So wurden und werden die Tiere sekundenlang kopfüber in eiskaltes Wasser gesteckt, in Säcke gestopft und tagelang auf kalte Kellerböden verbracht oder in heiße Backöfen gesetzt.

Eine humanere Methode aus älterer Zeit sei im folgenden hier wiedergegeben, wo K. Römer im Jahre 1892 schreibt:

„Am zweckmäßigsten ist, die brutlustigen Hühner in einen Käfig oder einen ähnlich hergerichteten Korb zu bringen, den man frei im Hühnerhof aufstellt.

Durch das Einsperren selbst, sowie durch das ständige Umringen des Käfigs seitens des anderen Geflügels, insbesondere von Hähnen ist das Bruthuhn fortwährend in Aufregung, sitzt nicht mehr und hat das Brüten in einigen Tagen vergessen. Das Eintauchen der Brüterinnen in kaltes Wasser ist zwecklos und führt leicht Erkältungen herbei; dagegen ist eher anzuraten, an die Brutstätte der Henne eine tiefe Schüssel mit Wasser zu stellen und dieselbe mit einer dünnen Schicht Stroh zu überdekken, so daß die Henne beim Aufsitzen in das Wasser gerät, was sie veranlassen wird, das Nest zu meiden".

Nachahmenswert und erfolgversprechend von allen genannten „Tips und Tricks" scheint uns lediglich der Entwöhnungskäfig. Genausogut können wir aber auch den beschriebenen Drahtkäfig aus der Kükenaufzucht verwenden.

Ursachen für schlechte Schlupfergebnisse

Symptome	*mögliche Gründe*
Eier ohne Entwicklungsanzeichen	Zuwenig oder auch zuviel Hähne, zu alte Hühner, schlechte Verfassung der Hühnerherde, zu alte Bruteier, Bruteier bei zu geringen Temperaturen gelagert (gilt auch für Naturbrut)
Abgestorbene Eier bzw. Embryonen nach dem ersten Schieren	Vorgegebene Bruttemperatur nicht eingehalten (zu hoch oder zu niedrig), keine ausreichende Sauerstoffzufuhr, zu hohe Temperaturschwankungen (insbesondere Abkühlung), Fehler beim Wenden (zu wenig, häufig)
Angepickte Eier mit abgestorbenen Küken in der Schale	Ungenügende Feuchtigkeit, zu niedrige Temperaturen oder kurze, starke Temperaturerhöhung
Feuchte und verklebte Küken an Eischale klebend	wegen zu geringer Feuchtigkeit beim Schlupf ausgetrocknet
Küken feucht und verklebt mit Eiinhalt	bei zu niedriger Temperatur und zu hoher Luftfeuchtigkeit bebrütet
Küken mit Mißbildungen	Größtenteils erblich bedingt, aber auch Fehler beim Wenden oder bei der Bruttemperatur
Abgestorbene Küken mit schlechtem Geruch	Nabelinfektion (auf mangelnde Hygiene im Brutapparat zurückzuführen)
Kleine Küken	Zu kleine Eier (gilt auch für Naturbrut), Bruttemperatur zu hoch und zu wenig Luftfeuchtigkeit
Große, weichliche Küken	Bruttemperatur zu niedrig, Luftfeuchtigkeit zu hoch bei mangelnder Ventilation
Verfrühter Schlupf	Zu hohe Bruttemperatur
Verspäteter Schlupf	Zu niedrige Bruttemperatur

Anmerkungen zur Zuchtplanung

Bevor wir uns dem Thema Aufzucht widmen, scheint es an der Zeit, sich darüber Gedanken zu machen, welche Tiere wir in welcher Form heranziehen; sprich diejenigen Tiere auszuwählen, die wir als leistungsfähige Legehennen in die Herde übernehmen, und die auszusondern, die wir als Masttiere alsbald der Küche übergeben. Eine solche Auswahl bzw. eine entsprechende Vorauswahl sollten wir sinnvollerweise bereits mit der Entscheidung treffen, welche Eier von welcher Henne wir zur Brut verwenden.

Die Grundregel für eine leistungsorientierte Weiterentwicklung der Hühnerherde besteht darin, immer nur die besten Legehennen zur Bestandsergänzung heranzuziehen und vor allem an einem guten Hahn nicht zu sparen.

Die Beachtung dieses simplen Züchtergrundsatzes mag für den kleinen Hühnerhalter ohne übermäßigen Ehrgeiz im Hinblick auf die Leistungsfähigkeit seiner Herde wohl genügen. Demjenigen jedoch, der die Leistungsfähigkeit seiner Herde gezielt verbessern möchte wie auch dem, der mit seiner Hühnerhaltung die Freude an der Rassegeflügelzucht verbindet, werden die mit dieser einfachen Methode erzielten Züchtererfolge zu vage sein und vor allem zu viel Zeit in Anspruch nehmen. Er züchtet schließlich nicht nur auf Leistung (Eier, Fleisch) sondern vor allem auf das für eine bestimmte Rasse exakt definierte Aussehen. Dieses wiederum umfaßt eine Fülle von Merkmalen wie Körperform, Gefiederbeschaffenheit, Färbung und anderes mehr.

Alle diese äußeren Merkmale, wie auch die Leistungsmerkmale (Legeleistung, Eigröße, Fruchtbarkeit, Vitalität, Futterverwertung u.a.) sind genetisch, d.h. in den Erbanlagen festgelegt und werden bei der Befruchtung aus den Merkmalen der Elterntiere für die Nachkommen wieder neu kombiniert. Wie nun diese Kombination der Erbanlagen erfolgt, ob sich manche Merkmale gegenseitig aufheben oder im Gegenteil verstärkt hervortreten, erfolgt im Rahmen der von Gregor Mendel entdeckten Erbgesetze nach einem genau festgesetzten Schema.

Mendel kreuzte bekanntlich rotblühende Bohnen mit weißblühenden und erhielt rosablühende Pflanzen als Nachkommenschaft. Kreuzte er diese wiederum miteinander, entstanden daraus je zu einem Viertel rot- bzw. weißblühende und zur Hälfte rosablühende Nachkommen. Brachte er schließlich rot- oder weißblühende Pflanzen mit rosablühenden zusammen, bekam er je zur Hälfte rot- oder weißblühende und rosablühende Exemplare. Eine Kreuzung rotblühender Pflanzen miteinander ergab jedoch stets wieder rotblühende Pflanzen ohne irgendwelche Aufspaltungen; das gleiche galt für die Weißblühenden. Die hier kurz geschilderten Grundgesetzmäßigkeiten der Vererbung beziehen sich bei den Versuchen von Gregor Mendel lediglich auf ein augenfälliges Merkmal, nämlich die Farbe der

Blütenblätter. Bei der Züchtung von Hühnern haben wir – wie bereits zuvor erwähnt – eine ganze Reihe von Merkmalen vor uns, die es zu beachten bzw. zu beeinflussen gilt. Hier die Methodik im einzelnen aufzeigen zu wollen, würde ein weiteres Buch füllen. Soviel sei jedoch festgehalten: Der Züchter macht sich bei den Erbgesetzmäßigkeiten den Umstand zunutze, daß augenscheinlich manche Merkmale *reinerbig* von einer Generation zur anderen weitergegeben werden. Die Reinerbigkeit eines Merkmales ist dann mit hoher Wahrscheinlichkeit anzunehmen, wenn die Färbung innerhalb der Zuchtherde bzw. des Zuchtstammes ohne Abweichungen weitervererbt wird. Dies erreichen wir als Züchter dadurch, daß wir Tiere mit dem gleichen Merkmal immer wieder miteinander verpaaren. Im Gegensatz zur menschlichen Gesellschaft ist dabei die sogenannte Inzucht, also die Verpaarung naher Verwandter, kein moralisches Hindernis, sondern ein probates und sehr erfolgreiches Mittel der Züchtung, um schnell und sicher ans Ziel zu gelangen. Ja sogar Inzestzucht in jeder Form ist erlaubt und höchst erfolgreich, will man eine Herde auf ein oder auch mehrere Merkmale konsequent durchzüchten. Halten wir fest: Reinerbigkeit, Inzucht und strenge Auslese sind die Garanten für den Zuchterfolg.

Allerdings ist bei fortwährender Inzucht zu befürchten, daß andere Merkmale wie die Vitalität oder die Fruchtbarkeit negativ beeinflußt werden. An diesem Punkt sollte man anhalten und hochwertiges fremdes Blut einkreuzen; denn was nützt uns das schönste Huhn, wenn es sich nicht fortpflanzen kann.

Auch der „Nichtzüchter" sollte möglichst einige Punkte bei dem Aufbau und der Ergänzung seiner Herde beachten. Beim Kauf der ersten Tiere ist es ratsam, sich von einem Fachmann begleiten zu lassen, um möglichst gesunde und frohwüchsige Tiere ohne körperliche Fehler zu erhalten. Bei der natürlichen Brut sollte man schließlich darauf sehen, daß man möglichst Frühbruten durchführen kann, weil die daraus stammenden Tiere in der Regel eine größere Vitalität aufweisen und zudem noch im selben Jahr mit dem Legen beginnen. Wenn wir unsere Tiere darüberhinaus noch ein wenig beobachten, werden wir bald die Leistungsträger unserer kleinen Herde herausgefunden haben. Möglichst nur die Eier von diesen Tieren sollten wir im Frühjahr zur Weiterzucht verwenden und mit der Nachkommenschaft, sei es Henne oder Hahn, ähnlich verfahren. Besonderes Augenmerk sollten wir dabei grundsätzlich der Auswahl des Hahnes schenken, denn er vererbt seine guten Eigenschaften schneller als eine Henne, da er mit seinem Samen eben diese gewünschten Merkmale gleich mehrfach unverändert weitergeben kann.

So können wir ganz individuell, je nach persönlichem Geschmack und Ehrgeiz unsere Herde züchterisch beeinflussen und formen. Wir können aber auch den Dingen ihren Lauf lassen und uns einfach an dem erfreuen, was der Zufall uns bringt. Es werden in jedem Fall Hühner sein.

Die Aufzucht

Einige Zahlen

Raumbedarf	10–12 Küken pro m²
Raumtemperatur	18–20 °C
Temperatur unter der Heizquelle	30–32 °C (1. Lebenswoche)
Luftfeuchtigkeit	60–70%
Aufzuchtverluste	15–20%

Für die „künstliche" oder „natürliche" Aufzucht der Küken gilt im Grunde das Gleiche, was schon zur „künstlichen" oder „natürlichen" Brut gesagt wurde. Beide Möglichkeiten können nebeneinander oder auch kombiniert betrieben werden. Ja, man kann sogar künstlich erbrütete Küken einer führenden Henne unterschieben und natürlich erbrütete Küken künstlich aufziehen, wenn z.B. die Glucke von einem Marder geholt wurde. Auch hier gilt es, im Einzelfall und orientiert an den konkreten Gegebenheiten und Wünschen des Hühnerhalters abzuwägen, welches System am vorteilhaftesten ist.

Während nämlich Menschenkinder, wie uns bekannt ist, bei fehlender Liebe und Zuwendung durch andere Menschen körperlich und seelisch verkümmern und sogar sterben, konnten diese schlimmen Folgen bei elternlosen Küken nicht beobachtet werden. Da die aus dem Ei geschlüpften Jungvögel als sogenannte Nestflüchter bereits sehr weit entwickelt sind, d.h. selbst Futter und Wasser suchen, sich rasch bewegen können und auch sonst viel selbständiger sind als ein frischgeborenes Menschenkind, bedürfen sie offensichtlich nicht dieser intensiven körperlichen und seelischen Zuwendung. Künstlich aufgezogene Küken wachsen ebenso rasch wie ihre natürlich gezogenen Artgenossen und zeigen auch die gleichen Verhaltensmuster. Die Sterblichkeitsrate ist bei fachgerechter Pflege sogar geringer als bei der natürlichen Aufzucht.

Wer jedoch bei seiner Hühnerhaltung keine ernsthaften wirtschaftlichen Interessen verfolgt, sollte sich das Erlebnis einer natürlichen Aufzucht der kleinen Hühnervögel nicht entgehen lassen.

Die natürliche Aufzucht

Sind bei der natürlichen Aufzucht die ersten Küken geschlüpft, sollte man das Nest von den Eierschalen und eventuell verendeten Küken säubern und im Falle eines schon abzusehenden größeren Abstandes bis zum Schlüpfen des letzten Tieres die Erstgeborenen an einen warmen Ort bringen, damit die Glucke in Ruhe die Nachzügler ausbrüten kann. Unter warmem Ort verstehen wir eine Temperatur von 32 °C bei einer relativen Luftfeuchtigkeit von 60–70%. Das ist auch etwa die Temperatur und das Klima, was die Glucke unter ihrem Gefieder erzeugen muß, um ihrer kleinen Schar eine gute Überlebenschance zu bieten.

Sind alle Küken geschlüpft, wird das Nest noch einmal gereinigt und die zuvor entfernten Küken der Glucke wieder zugesetzt. Haben wir größere Brutverluste erlitten, können wir der Glucke auch eine Zahl fremder Kinder unterschieben. Der beste Zeitpunkt dafür ist die Dämmerung, wenn sich die Glucke und ihre Küchlein bereits zur Ruhe begeben haben.

Stallbedingungen

Der Stall soll hell, frei von Ungeziefer, trocken und zugfrei sein und etwa 18–20 °C Raumtemperatur haben.

Als Einstreu eignen sich am besten Sägemehl oder kurzgeschnittenes Stroh. Das Sägemehl sollte nicht zu fein sein, sonst wird es von den unerfahrenen Küken leicht als Nahrung aufgenommen und erzeugt ein Sättigungsgefühl, ohne ihnen die lebensnotwendige Energie zuzuführen.

Glucke und Küken sind im Stall wie im Freien die ersten Tage getrennt von den Alttieren zu halten; einmal wegen des Parasitenbefalls, zum anderen müssen wir damit rechnen, daß die Küken von den alten Hühnern wie vom Hahn attackiert werden. Eine gute Glucke wird sie zwar davor zu schützen suchen, doch ist es sicher kein Fehler, so lange zu warten, bis die Küken selbst so flink geworden sind, daß sie sich rasch zur Glucke flüchten können, daß sich Glucke und Küken ohne größere Probleme in das übrige Hühnervolk eingliedern.

Freilauf

Gern wird auch die Glucke mit ihren Küken im Freien umherlaufen und ihnen Nahrhaftes und Schmackhaftes aus dem reichen Angebot der Natur zeigen. Seien es nun Sämereien, Insekten oder Würmer. Alles wird den kleinen Hühnervögeln zunächst fremdartig, erschreckend und anziehend zugleich vorkommen.

Auch im Freien ist es ratsam, der Glucke mit ihren Jungen in der ersten Zeit ein von den übrigen Hühnern abgetrenntes Areal zuzuweisen, damit sie von diesen unbelästigt ihre ganze Aufmerksamkeit der Kükenschar widmen kann. Dabei sollte auch für den Auslauf darauf geachtet werden, daß er wegen einer möglichen Infektionsgefahr nicht vom Kot der älteren Artgenossen oder anderer Tiere verunreinigt ist.

Bei einem nahezu unbegrenzt großen Auslauf ist diese Vorsichtsmaßnahme bei einer gut führenden Glucke nicht erforderlich, da sich das übrige Federvieh weit verstreut aufhält und mit anderen Dingen beschäftigt ist. Auch die Hygienefrage löst sich durch die wesentlich geringe Besatzdichte weitgehend von selbst. Vor Ablauf der ersten Lebenswoche sollte man Glucke und Küken jedoch nicht ins Freie lassen, ebenso nicht bei regnerischem und windigem Wetter. Als Regel können wir uns merken, daß die Außentemperatur

Als „Nestflüchter" sind Hühnerküken körperlich sehr weit entwickelt. Unter der Führung der wachsamen Glucke erkunden sie bereits in den ersten Lebenstagen die nähere Umgebung.

Rechte Seite:
Noch sind nicht alle geschlüpft. Geduldig wartet die Henne auf die Nachzügler. Bei zu großem Zeitabstand oder bei weniger geduldigen Glucken sollte man die bereits geschlüpften Küken vorübergehend an einen warmen, trockenen Ort bringen und sie erst später wieder zusetzen, um die Henne nicht zu sehr von ihrem Brutgeschäft abzulenken. ... Schließlich sind alle da. Vertrauensvoll und neugierig zugleich versammelt man sich um die Hühnermutter und wagt einen ersten Ausflug. Für die Glucke ist jetzt größte Wachsamkeit geboten, um die quirligen Kleinen mit Bedacht im Zaum zu halten und Gefahren früh zu erkennen.

etwa Stalltemperatur (18 °C) oder mehr haben sollte. Ebenso sollten wir es vermeiden, die bunte Schar in Freiheit zu entlassen, noch bevor die Sonne das Gras vom Tau befreit hat. Es ist für uns immer wieder ein herzerfrischender und bewegender Augenblick, die ersten Erkundungsversuche der kleinen Hühnerschar zu beobachten.

Ist damit zu rechnen, daß die Küken im Freien leicht eine Beute von Mardern oder Raubvögeln werden, empfiehlt sich der Bau eines mit Draht überdachten Auslaufs mit einer wetterfesten Behausung, in die sich die Tiere bei einem plötzlichen Wetterumschwung flüchten können.

Der verdrahtete Teil sollte eine Grundfläche von etwa 2 × 2 m haben und etwa 50 cm hoch sein. Er sollte wie das Häuschen aus leichtem Baumaterial gefertigt und mit Tragegriffen versehen sein, damit man ihn leicht umsetzen kann. Auf stark dem Wind ausgesetzten Flächen ist es zudem sinnvoll, eine Seite des Drahtkäfigs mit einer Folie zu bespannen.

Futter und Wasser

Als Nahrung reichen wir den kleinen Küken vorgefertigtes spezielles Preßfutter oder Kükenmehl und kleingehacktes Grünzeug wie Brennesseln, Löwenzahn und Gemüse; ferner Grassoden, von Chemikalien unbelastete Erde, feingehackte, gekochte Eier, etwas feinen Muschelkalk und als besonderen Leckerbissen Ameisenpuppen der im Garten lästigen Rasen- und Wegameise. Dazu stellen wir frisches Trinkwasser in Stülptränken oder in einem Napf auf, in den wir in der Mitte einen Kiesel legen, damit die Tiere nicht ertrinken können. Das Futter bieten wir in den ersten Lebenstagen etwa fünf bis sechsmal am Tag auf Futterbrettchen oder flachen Behältnissen an, die von den Küken ohne größere Anstrengungen erreicht werden können. Ganz besonders zu beachten ist, daß wir bei jeder Mahlzeit immer nur soviel füttern, wie die Kleinen in einigen Minuten verzehren können, denn verschimmelte Futterreste führen leicht zu Krankheiten und Todesfällen.

Will man für die Küken kein Fertigfutter verwenden, so wird ein Gemisch aus feingeschrotetem Weizen und feinen Haferflocken empfohlen mit eben den lekkeren Zutaten, die zuvor schon erwähnt

Durchschnittlicher täglicher Futterbedarf

1.– 4. Woche	10– 30 g
4.– 8. Woche	30– 55 g
8.–12. Woche	55– 75 g
12.–16. Woche	75– 90 g
16.–20. Woche	90–100 g
ab 20. Woche	100–120 g

Durchschnittlicher wöchentlicher Futterverbrauch vom Küken bis zur Legehenne

1. Lebenswoche	45 g
– wöchentlicher Mehrverbrauch	45 g
10. Lebenswoche	450 g
– wöchentlicher Mehrverbrauch	25 g
22. Lebenswoche	800 g

wurden. Dazu kann man von der zweiten Woche an Magerquark füttern; doch sollte man hier darauf achten, daß das Futtergeschirr jeweils peinlich sauber ist, damit der Quark nicht säuert. Anderenfalls sind Durchfall und damit auch entsprechende Ausfälle zu erwarten. Die Glucke sollte möglichst gesondert gefüttert werden, damit sie nicht das ganze Kükenfutter verschlingt oder es verunreinigt.

Mutterrolle

Zum Schluß noch ein Wort zur Glucke. Wie bei den meisten Tieren und auch beim Menschen setzt hier Mutterliebe ungeahnte Kräfte frei. Während sich manche Vögel – wie beispielsweise der Kiebitz – variantenreicher Täuschungsmanöver bedienen, um einen herannahenden Feind von ihren Jungen abzulenken, setzt die Glucke auf Angriff und beherzte Abwehr. Wiewohl Hühner untereinander gern zanken und sich attacktieren, richten sich ihre Angriffe doch nie gegen ein größeres anderes Tier oder gar gegen den Menschen.

Anders bei der Glucke. Kommen wir den Küken auch nur ein wenig zu nahe, so ruft sie die Kleinen umgehend zu sich und geht in Abwehrstellung. Werden wir noch dreister, sträubt sich ihr Nackengefieder und ihre sprungbereite Haltung bedeutet uns Achtung, gleich erfolgt der Angriff.

Auch wenn keine Gefahr droht, unterscheidet sich die Glucke in ihrem Gebaren sehr von ihren eierlegenden Schwestern. Liebevoll und mit einem anheimelnden gluck, gluck ... führt sie ihre kleine Schar durch den Hühnerhof. Sie achtet darauf, daß die Kleinen nicht durch nasses Gras oder durch Pfützen laufen, bringt sie bei großer Hitze an ein schattiges Plätzchen und macht die immer hungrigen Schnäbel auf immer neue Leckereien aufmerksam. Auch wird sie die Kleinen nicht durch zu lange Fußmärsche überanstrengen und sie am Nachmittag rechtzeitig und vollzählig wieder im Stall versammeln.

Sollte einmal das Unglück geschehen und eine Glucke ausfallen, sollten wir schauen, ob sich eine Amme findet, die sich der verwaisten Küken annimmt. Das kann eine andere, gerade führende Hühnerglucke sein oder auch eine führende Pute. Überhaupt sind Putenglucken in der Regel bessere Brüterinnen und noch aufopferndere Mütter als Hühnerglucken. So wurden früher oft eigens Puten für das Brutgeschäft gehalten, zumal man ihnen auch erheblich mehr Eier unterschieben konnte. Dazu besaßen Puten den Vorteil, daß man sie mittels eines speziellen Brutkastens innerhalb weniger Tage zur Brut zwingen konnte. Dadurch wurde man in gewissem Rahmen von der Hauptbrutzeit der Hühner unabhängig. Eine Besonderheit ist der brütende Truthahn. Er gilt als außerordentlich besorgter Vater und streithafter Verteidiger seiner Kükenschar, vor dem sich selbst große Hunde und wir Menschen in Acht nehmen müssen. Letzteres birgt naturgemäß gewisse Risiken, beispielsweise, wenn der besorgte Hühnerhalter die Jungtiere auf Krankheiten untersuchen will.

Von einem Ausflug ins Grüne sind die Kleinen immer wieder begeistert. Auch im Alter um etwa zwei Wochen bleiben sie der Glucke noch dicht auf den Fersen und lassen sich von ihr gerne die ergiebigsten Futterplätze zeigen.

Für jedes Alter, ob frisch geschlüpft oder bereits halbstark, ist die Glucke zugleich Spielplatz und Schutz. Wie behütet und herrlich ist doch das Leben der hier gezeigten Hühnerschar in Sonne, Luft und frischem Grün.

Die künstliche Aufzucht

Das wesentliche Element bei der künstlichen Aufzucht besteht darin, daß wir die Glucke durch einen anderen Wärmespender ersetzen. Denn die Wärme ist vor allem in den ersten Lebenswochen, wenn das schützende Federkleid noch nicht ausgebildet ist, der entscheidende Umweltfaktor für das Überleben der kleinen Hühnervögel. Naßkalte Witterungseinflüsse und Zugluft führen unweigerlich zu Erkältungskrankheiten und meistens zum Tod.

Wärmequellen

Die beste Handhabung und den höchsten Aufzuchterfolg bieten heute die überall gebräuchlichen elektrisch betriebenen Geräte wie Infrarotlampen und Heizstrahler. Die Größe der Aufzuchtherde ist auf die jeweilige Wärmeleistung abzustimmen, die vom Hersteller angegeben wird. Wichtig ist, daß wir mit einem entsprechenden Gerät für einen Bereich, der die gesamte Herde in einem lockeren Verband umfaßt, eine konstante Temperatur von 32 °C für die erste Lebenswoche erhalten bei einer Luftfeuchtigkeit von 60–70%. Die Umgebungstemperatur im Stall sollte auf 18–20 °C gehalten werden. In jeder weiteren Lebenswoche können wir die Temperatur des Heizgerätes nun um jeweils 2 °C zurücknehmen, bis wir die Stalltemperatur beziehungsweise eine entsprechende Außentemperatur erreicht haben. Die Einhaltung der genannten Werte bereitet beim heutigen Stand der Technik keine Probleme mehr.

Ob die erwünschte Temperatur nach den Angaben des Herstellers wirklich eingehalten wird, können wir am besten erkennen, wenn wir unsere Küken genau beobachten. Ist die Temperatur zu hoch, werden sie den Aufenthalt unter der künstlichen Glucke meiden und sich an der Peripherie des Einwirkungsbereiches der Heizquelle aufhalten. Erhalten sie nur ungenügende Wärme, werden sie sich wie

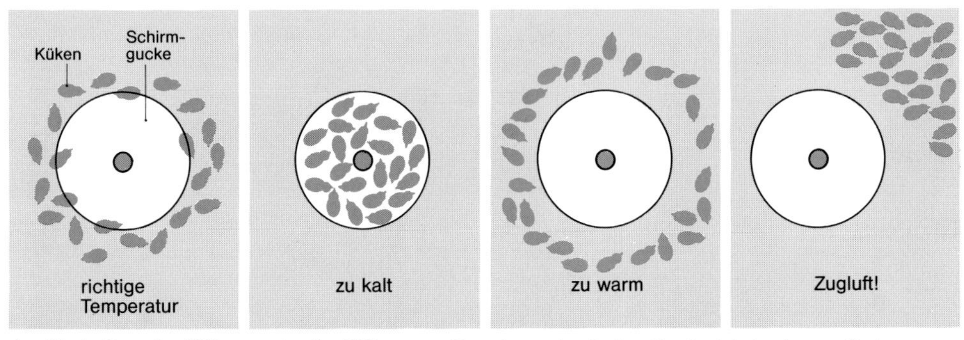

Am Verhalten der Küken unter der Wärmequelle sehen wir, ob das Gerät richtig eingestellt ist.

Die richtige Wärme

Unter der Wärmequelle muß die Temperatur etwa 4 cm über dem Boden
32 °C während der 1. Woche
30 °C während der 2. Woche
28 °C während der 3. Woche
25 °C während der 4. Woche
und 22 °C während der folgenden Wochen betragen

ein Klumpen unter der Wärmequelle zusammenballen. Ist ihnen die Temperatur behaglich, werden sie in einem lockeren Verband unter der Heizglucke verweilen und hie und da kleine Ausflüge in die Randbereiche ihres Areals unternehmen.

Problematischer war die künstliche Aufzucht zu früheren Zeiten, als man noch auf primitivere Art und Weise das Aufzuchtklima herzustellen versuchte.

Angefangen von Untergrundpackungen aus Pferdemist oder Heizsystemen, die mit einer Wärmflasche betrieben wurden, über sogenannte Grudekästen, Brikettheizungen oder andere mit festen Brennstoffen betriebene Öfen mit Schirmglucke bis hin zu Gasstrahlern wurde alles ausprobiert und praktiziert, was erlaubte, eine größere Zahl an Küken auf einmal aufzuziehen, als es eine Glucke je vermochte.

Aufzuchtareal

Zur Abgrenzung des Aufzuchtsareals haben sich sogenannte Kükenringe bestens bewährt. Hierbei handelt es sich im einfachsten Fall um Pappkartonbahnen, die zu einem Ring zusammengebogen werden und den Stallraum für die ersten Lebenswochen abgrenzen. Das ist notwendig, damit sich die Küken nicht verlaufen, zum anderen sinnvoll, um die von der künstlichen Wärmequelle abgegebene Strahlung möglichst zu konzentrieren und damit effektiver zu nützen. Als Faustzahl für die Besatzdichte rechnet man etwa 15 Tiere je m^2.

Wichtig bei der Abgrenzung des Raumes ist, daß dieses Areal keine Ecken hat, da Küken bei einer vermeintlichen Gefahr leicht in Panik geraten und zuhauf in eine Ecke flüchten. Dabei kann es geschehen, daß sie sich gegenseitig erdrücken.

Einstreu

Als Einstreu eignet sich am besten kurzgeschnittenes Stroh, grobes Sägemehl, Hobelspäne oder eine Kombination aus beidem. Wichtig ist, daß die Einstreu einwandfrei beschaffen, d.h. trocken und sauber ist. Um die Tränkebecken und um die Futterbrettchen beziehungsweise Tröge herum sollte sie öfters erneuert werden, um der Ausbreitung von Krankheitserregern und den Folgewirkungen verdorbener Futterreste vorzubeugen.

Futter und Wasser

Hier gilt im Grunde das gleiche wie für die natürliche Aufzucht, jedoch soll noch einmal hervorgehoben werden, daß es ratsam ist, immer nur kleine Mengen in kurzen Abständen zu verabreichen, damit das Futter möglichst frisch und sauber bleibt, denn nur allzu leicht könnte der Erfolg unserer Mühe durch verdorbenes Futter oder Wasser zunichte gemacht werden.

Auslauf

Wenn irgend möglich, sollten wir auch die mutterlosen Küken bei schönem Wetter – allerdings frühestens ab dem 8. Lebenstage – ins Freie lassen. Denn Licht und Luft fördern unbestritten das Wachstum und die Widerstandskraft.

Am besten ist ein direkter Zugang der Küken vom Stall in den Auslauf, möglichst getrennt von den erwachsenen Tieren, damit die Jungen nicht von ihnen traktiert werden und auch nicht mit den Exkrementen der Großen in Berührung kommen.

Als Bewuchs eignet sich am besten eine gemähte Weidefläche mit einem möglichst beschatteten, geschützten sandigen Plätzchen, wo man nach Herzenslust scharren und spielen kann. Die Umzäunung sollte zumindest im unteren Bereich des Zaunes aus engmaschigem Draht bestehen, damit die Küken den Auslauf nicht verlassen können, wo sie gern das Opfer von Katzen oder freilaufenden Hunden werden.

Es empfiehlt sich auch, aus demselben Grunde und gegen mögliche Feinde aus der Luft, den Auslauf insgesamt zu überdrahten. Hier genügt allerdings ein weitmaschiger Draht oder ein Kunststoffnetz, das man später im Herbst auch zur Abdeckung der Obstbäume gegen Vogelfraß verwenden kann.

Ist kein direkter Zugang vom Stall zum Auslauf möglich, sollte man sich ein mobiles Kükenheim bauen, das überall an sonnigen und futterergiebigen Plätzen aufgestellt werden kann. Diese Methode hat darüberhinaus den Vorteil, daß die hygienischen Verhältnisse im Auslauf durch den mehrfachen Wechsel der Weidefläche weitaus günstiger sind als bei der Standweide am festen Hühnerhaus. Allerdings kostet es den Hühnerhalter mehr Mühe, nach seinen Tierchen zu schauen und sie entsprechend liebevoll zu betreuen. Die Temperaturen sollten in etwa den dem Alter angemessenen Stalltemperaturen entsprechen. In jedem Fall ist eine gute „Weideführung“ der beste Garant für eine erfolgreiche Aufzucht gesunder, kräftiger Tiere.

Kritische Lebensabschnitte bei natürlicher wie künstlicher Aufzucht

Die ersten Lebenswochen unterteilt man grob in die

- *Flaumperiode* = 1. bis 3. Lebenswoche
- *Befiederungsperiode* = 3. bis 6. Lebenswoche
- *Wachstumsperiode* = 6. bis 8. Lebenswoche.

Diese Perioden können sich je nach Rasse unterschiedlich bis zu einer Woche verschieben.

In der Flaumperiode bedürfen die kleinen Vögel vor allem der Wärme und einer ausgewogenen, insbesondere eiweißhaltigen Fütterung. Zum Ende der ersten Woche sind erfahrungsgemäß die meisten Ausfälle zu befürchten.

Die Befiederungsperiode wird ebenfalls noch von einem relativ hohen Wärmebedarf geprägt, doch ist hier das Bedürfnis nach Bewegungsmöglichkeit, Licht und Luft in gleichem Maße zu befriedigen. Eine gesunde Abhärtung wird später Maßnahmen gegen aufkommende Krankheiten weitgehend entbehrlich machen, was nicht nur den Geldbeutel sondern auch die Nerven des Hühnerhalters schont. Bei der Fütterung soll neben leicht verdaulichen, eiweißreichen Nahrungsträgern auf genügend phosphor- und kalkhaltige Futtermittel geachtet werden, um die Federbildung zu begünstigen.

In der Wachstumsperiode schließlich ist insbesondere auf eine energiereiche ausgewogene Futtermischung zu achten. Auch hier gilt der Grundsatz, was in der Jugend versäumt wurde, kann man im Alter nur schwer nachholen.

Sparen ist hier jedenfalls fehl am Platze.

Die Aufzucht der Jungtiere

Von der achten Woche an sprechen wir nicht mehr von Küken, sondern von der Junghenne beziehungsweise vom Junghahn. Das Gefieder ist nun weitgehend ausgebildet und vermag die Tiere vor Witterungseinflüssen leidlich zu schützen. Die Heizgeräte können wir jetzt abschalten. Doch Vorsicht, bei Temperatureinbrüchen lieber noch einmal heizen und den Übergang fließend gestalten. Üblicherweise werden die Geschlechter bereits – je nach Rasse unterschiedlich – in der 4. bis 5. Lebenswoche getrennt und in verschiedenen Herden aufgezogen. Während die Junghähne vielfach in Stallhaltung einer Mast unterzogen werden, und mit 10 bis 12 Wochen in den Kochtopf wandern, dürfen die Junghennen möglichst ausgiebig den Auslauf genießen, damit sie zu kräftigen, widerstandsfähigen und fleißigen Legerinnen heranwachsen.

Junghähne

Gleichwohl sollte den Junghähnen ebenfalls Auslauf gewährt werden, insbesondere wenn man auf eine schnelle und intensive Mast der Tiere nicht erpicht ist. In jedem Fall sind solchermaßen gezogene Braten nicht mit den Discounthähnchen im Supermarkt vergleichbar, die in 6 bis 8 Wochen schlachtreif gemästet werden. Sie sind schwerer von Gewicht, fester im Fleisch und kräftiger im Geschmack.

Junghennen

Die weiblichen Tiere, auf die sich wegen ihrer längeren Nutzung unser Augenmerk naturgemäß stärker richtet, durchlaufen nun eine Phase, in der sie nicht mehr so sehr unserer Obhut, dafür jedoch mehr aufmerksamen Managements bedürfen. Sollen sie für die Zucht verwendet werden, liegt zwischen der 10. und 12. Lebenswoche der geeignete Zeitpunkt der *Beringung*, da sonst die Ständer zu dick werden.

Haben wir nicht ausreichend Auslauf am Haus, jedoch ausreichend Fläche in einiger Entfernung zur Verfügung, empfiehlt sich der Bau eines trag- oder fahrbaren Junggeflügelheimes. Mit Hilfe dieser transportablen Stallung, für die wir weder Strom- noch Wasseranschluß benötigen, können wir immer neue Flächen beweiden. Das spart Futterkosten bei abwechslungsreichem Nahrungsangebot, erhöht durch den bewegten Aufenthalt in Licht und Luft die Widerstandsfähigkeit unserer Schützlinge und ist wegen des ständigen Wechsels der Weidefläche hygienisch unbedenklich.

Allerdings ist diese Methode auch mit höherem Zeitaufwand und gewissen Risiken verbunden. Wasser und Futter sind täglich zum Ort des Geschehens zu bringen; denn frisches, sauberes Wasser ist für eine gesunde Aufzucht auch im Freilauf unerläßlich und Zusatzfutter, das auf die Weideverhältnisse (Obstwiese, Stoppelfeld, abgeernteter Acker abgestimmt sein soll, ist in dieser starken Wachstumsphase der Tiere sehr zu empfehlen. Allerdings sollte man die jungen Damen auch nicht zu sehr verwöhnen, da sie sonst leicht die eigene Futtersuche vernachlässigen. Zur fleißigen Selbstversorgung kann man nämlich erziehen, indem man den Hang zur Bequemlichkeit nicht eigens fördert.

Die Risiken eines solchen Auslaufs, ob mit weitläufiger oder gänzlich ohne Umzäunung sind seit Alters her die gleichen geblieben. Der Fuchs treibt als Kulturfolger des Menschen auch in unseren Tagen sein „Unwesen" bis in die Vorgärten der Stadt- und Dorfränder. Den Habicht gibt es wohl seltener, doch ist in manchen Gebieten auch mit ihm noch zu rechnen. Viel schlimmer sind herrenlose Hunde und streunende Katzen, die schnell erkennen, wo leichte Beute zu machen ist.

Auch der Nachbar, der vielleicht über den Besuch unserer Hennen nicht sehr erfreut ist, wenn sie ihm die Blumenrabatten verscharren oder den gepflegten englischen Rasen verkoten, ist mit ins Kalkül zu ziehen. Schon manch gute Nachbarschaft hat wegen nicht ausreichender Beaufsichtigung der Hühner vor Gericht ihr unrühmliches Ende gefunden.

Zukauf

Vom Eintagsküken über Junghennen und Masthähnchen bis zur legereifen Henne können wir unseren Bestand auch durch Zukauf ergänzen. In jedem Fall werden wir vor diese Frage gestellt, wenn wir uns gerade entschlossen haben, zum Hühnerhalter zu werden. Um dabei keine bösen Überraschungen zu erleben, wende man sich am besten an einen erfahrenen Nachbarn oder Bekannten. Auch die ortsansässigen Kleintierzüchter können uns sicher weiterhelfen. Im übrigen sei als wichtiger Anhaltspunkt auf die „Beurteilungskriterien für eine gute Legehenne“ auf Seite 24 hingewiesen wie auf nachstehenden Rat aus älterer Zeit, wo es bei dem Buchautor Robert Oettel um 1873 heißt:

„Man überzeuge sich, ob das Brustbein nicht verbogen ist, was häufig in der Jugend davon herrührt, daß sich die Hühner, während es noch nicht die nöthige Festigkeit erlangt hat, von einer hohen Sitzstange schnell herabstürzen. Ferner, ob das Rückgrat gleich und nicht buckelig ist, ob das Huhn den Schwanz nicht nach der Seite trägt, was auf eine fehlerhafte Konstruktion des Bürzels beruht, und untersuche die Zunge, um sich zu überzeugen, ob sie nicht etwa durch die an manchen Orten noch gebräuchliche Methode des sogenannten Pipsschleifens oder Abziehen der untern Zungenhaut verkürzt ist, da jede derartige tadelswerthe, oft wiederholte Operation stets ein Stückchen Zunge mitnimmt. Endlich sehe man nach, ob die Krallen an den Zehen gehörig vorhanden sind, was zumal bei dem Hahn aus einleuchtenden Gründen von großer Wichtigkeit ist, auch ob das Huhn einen richtig geformten und nicht etwa einen Kreuzschnabel habe“.

Wohl behütet starten die Kleinen ins Leben.

Die Gesunderhaltung unserer Tiere

An der Gesunderhaltung unserer Tiere sollte uns besonders gelegen sein. Kranke Hühner legen keine Eier, zeigen kein befriedigendes Wachstum und sind für die Weiterzucht ungeeignet.

Jeder Hühnerhalter sollte darüber hinaus bemüht sein, Kenntnisse über die wichtigsten Krankheiten, ihre Ursache, ihr Erscheinungsbild sowie eine mögliche Bekämpfung bzw. Heilung zu besitzen. Nur so kann er die Entscheidungen treffen, die die Tiere vor Leid bewahren.

Da wir in diesem Buch nur die wichtigsten Krankheiten besprechen können, wird empfohlen, sich rechtzeitig nach einem ausführlichen Fachbuch über Geflügelkrankheiten umzusehen.

Doch auch das aus Fachbüchern erworbene Wissen macht den Tierarzt nicht entbehrlich. Dringend wird davor gewarnt, in erkennbar ernsten Fällen selbst an den Symptomen herumzudoktern. Zuviel Leid wurde und wird dabei den Tieren in zugegeben bester Absicht zugefügt, wie folgendes Beispiel aus vergangener Zeit vor Augen führen mag.

„Gewöhnlich aber kümmert sich der unverständige Geflügelzüchter wenig um seine erkrankten „Lieblinge". Beobachtet er irgend etwas Verdächtiges an einem Stück, dann heißt es: „Aha, das hat den Pips; da wollen wir gleich geholfen haben!" er holt sein Taschenmesser hervor und schneidet dem armen Tiere die Zunge halb weg, wickelt die Zungenspitze in Butter oder Schweinefett und stopft dieses dem Huhn ein: „Vogel friß oder stirb!" Oft steckt man dem kranken Tiere auch noch eine vorher mit Oel oder auch mit dem Fett der Bürzeldrüse befettete Feder durch die Nase und überläßt das so behandelte oder eigentlich mißhandelte Tier seinem Schicksal. Das Huhn sitzt dann traurig in einer Ecke, um in Schmerzen gesund zu werden oder auch nicht."

Nützlich ist es hingegen, für kranke und verletzte Tiere ein extra Stallabteil oder die Möglichkeit für die vorübergehende Einrichtung eines solchen vorzusehen. Denn häufig ist es notwendig, ärztlich behandelte Tiere von ihren Artgenossen für eine Weile zu isolieren, um den Heilungsprozeß zu fördern oder überhaupt erst zu ermöglichen bzw. die gesunden Tiere vor ansteckenden Krankheiten zu schützen. Nach erfolgter Genesung können wir sie zumeist ohne größere Schwierigkeiten wieder in die Herde integrieren.

Das gesunde und das kranke Huhn

Bevor wir uns dem Erscheinungsbild der Krankheiten, ihren möglichen Ursachen und ihrer sachgerechten Behandlung zuwenden, sollten wir selbstverständlich wissen, wie ein gesundes Huhn aussieht.

Ein helles, klares Auge, glattes, glänzendes Gefieder und ein hellroter Kamm mit ebensolchen Kehllappen sind erste Anzeichen für eine gute Gesundheit. Können wir das Atmen kaum wahrnehmen, keinen Ausfluß an Augen, Nase oder Schnabel entdecken, haben wir ein zweites positives Indiz. Untersuchen wir das Tier nun näher, sollten wir die Rachenschleimhaut fleisch- oder hellrot, nicht jedoch hochrot, blaß oder gelb finden. Auch der Stuhlgang ist ein wichtiges Merkmal. Er sollte regelmäßig, also etwa sechsmal in der Stunde sein und von zusammenhängender nicht zu wässriger Konsistenz. Durchfall erkennt man oft schon an den verschmutzten Federn um die Kloake.

Insgesamt ist ein gesundes Huhn leicht zu erkennen: es ist aufmerksam, es pickt und scharrt, pflegt ausgiebig sein Gefieder und frißt und trinkt regelmäßig mit gesundem Appetit; kurzum eine erfreuliche Erscheinung.

Erste Anzeichen für eine Krankheit äußern sich daher häufig in mangelndem Appetit oder im Gegenteil in Freßgier und übermäßigem Durst. Das kränkelnde Huhn sondert sich von der übrigen Hühnergesellschaft ab und sitzt immer häufiger teilnahmslos mit hängenden Flügeln, aufgeplustertem Gefieder und eingezogenem Kopf in einer Ecke. Es wird zusehends schwächer und sein Gefieder glanzlos und struppig.

Soweit sollten wir es erst gar nicht kommen lassen. Wie man diesem Zustand vorbeugen kann, wollen wir im nächsten Abschnitt besprechen.

Vorbeugen ist besser als Heilen

Reinlichkeit, die richtige tägliche Pflege und eine ausgewogene Fütterung sind der beste Garant für die Gesunderhaltung unserer Schützlinge. Zu den täglichen Arbeiten im Hühnerstall gehört daher vor allem das Reinigen der Futterbehälter und Trinkgefäße. Ebenso ratsam ist es, möglichst jede Woche den Kot vom Kotbrett zu entfernen, wobei gleichzeitig seine Konsistenz und Farbe zur Krankheitsvorbeuge kontrolliert werden kann. Damit einhergehend können wir gleich die Anflug- und Sitzstangen von Verunreinigungen befreien. Einmal wöchentlich sollten wir auch nach den Nestern sehen und sie bei Bedarf frisch einstreuen. Im Scharrraum sollten wir darauf sehen, daß die Einstreu stets locker, trocken und staubfrei liegt. Etwa drei bis viermal im Jahr, vor allem zwischen Herbst und Frühjahr, wenn die Tiere sich überwiegend im Stall aufhalten und die Gefahr von Infektionen durch die Aufnahme von Kot wächst, sollten wir die Einstreu erneuern.

Dem extra hergerichteten Sand- oder Staubbad, das wie bereits besprochen aus trockenem, feinkörnigem Sand, etwas Holzasche sowie Kalkstaub besteht, sollten wir hin und wieder gegen das lästige und oft hartnäckige Ungeziefer etwas Insektenpulver beimengen. Bei drohendem stärkerem Befall dürfen wir auch gern unsere Schützlinge einmal herzhaft mit einem vom Tierarzt empfohlenen Mittel vollständig einpudern. In jedem Fall vor jedem Neubesatz und regelmäßig mindestens einmal im Jahr müssen wir uns zu einem gründlichen Stallputz entschließen. Wir wissen aus eigener Erfahrung, wie mühsam dieses Unterfangen ist, doch tut es den Tieren und unserem Gewissen im Nachhinein sicherlich gut.

Dabei sind die getreu nach Bauanleitung beweglich konstruierten Teile des Stalles und der Stalleinrichtung auseinanderzunehmen, zu säubern und mit heißer Sodalauge abzuschrubben. So auch die Wände; sie werden am besten nach dem Trocknen mit Kalkmilch geweißt, um eine glatte Oberfläche zu erhalten, die Milben und anderen Quälgeistern der Hühnerschar keine Möglichkeit zum Unterschlupf bietet. Wer ganz sicher gehen will, kann der Kalkmilch noch ein gutes, d.h. wirksames aber unbedenkliches Desinfektionsmittel zusetzen.

Bei diesem mühsamen aber lohnenden Werk wird sich erweisen, wie sinnvoll der Stall geplant und mitsamt seinen Innereien konstruiert wurde.

Die wichtigsten Krankheiten

Wie bereits eindringlich hervorgehoben, ist und bleibt die Behandlung von Krankheiten die Domäne des Tierarztes. Die nachfolgend kurzen Abrisse über Art der Krankheit, Erscheinungsbild, mögliche Behandlung und empfehlenswerte Vorbeugemaßnahmen sollten daher vor allem das frühzeitige Erkennen für den Hühnerhalter erleichtern und ihm gleichzeitig als Gesprächspartner für den Tierarzt ein gewisses Grundwissen vermitteln. Keinesfalls sollten sie aber zur Eigeninitiative anspornen.

Aspergillose

Aspergillose ist eine Schimmelpilzerkrankung. Die Erreger, giftige Sporen der verschiedenen Schimmelpilzarten, werden von den Hühnern aus verschimmelter Einstreu oder verschimmeltem Futter eingeatmet bzw. aufgenommen.

Sie gelangen in die Lunge und Luftsäcke, dringen in das Gewebe ein und rufen schwere Entzündungen hervor.

Bei erwachsenen Tieren ist die Krankheit nur schwer feststellbar. Auffallend kann eine weißlich blasse Gesichtsfarbe und eine wäßrige Umgebung des Augapfels sein. Auch Durchfall, Mattigkeit, Abmagerung und keuchende Atmung gehören zu den Kennzeichen dieser Krankheit. Die Krankheitsdauer schwankt zwischen 4 bis 6 Wochen. Mit Todesfällen muß vor allem bei jungen Tieren gerechnet werden.

Eine Behandlung der Aspergillose ist schwierig bzw. kaum möglich. Manchmal hilft aber bereits das sofortige Umsetzen der Tiere in saubere und trockene Einstreu.

Zu den wichtigsten Vorbeugungsmaßnahmen zählen helle, trockene Ställe, trockene und saubere Einstreu, ausreichende und zugfreie Lüftung, sowie einwandfreies Futter und Wasser.

Atypische Geflügelpest

Bei Verdacht auf Atypische Geflügelpest muß sofort Anzeige beim zuständigen Veterinäramt erstattet werden. Eine Behandlung der erkrankten Tiere ist verboten. Unter Umständen müssen alle Tiere getötet werden.

Der Erreger ist das atypische Geflügelpestvirus. Die Übertragung der Pestviren erfolgt hauptsächlich durch den Kot und durch Nasen- und Rachenschleim. Die Inkubationszeit beträgt etwa 3 bis 5 Tage.

Zu den Krankheitserscheinungen gehören Freßunlust, hohes Fieber, grüner und dünnflüssiger Kot. Die kranken Tiere nehmen viel Wasser auf, atmen röchelnd und legen häufig Fließeier (nachts). Bei mehr chronischem Verlauf können Kopfverdrehungen – der Kopf wird zwischen die Läufe gesteckt und auf den Rücken gelegt – und Rückwärtslaufen beobachtet werden. Da die Atypische Geflügelpest auch in kleinen Herden leider immer wieder ausbricht, ist eine vom Tierarzt auszuführende Impfung sehr zu empfehlen.

Augenentzündungen

Augenentzündungen treten häufig durch Erkältungen und vor allem durch Zugluft auf. Die Augen tränen, können Schleim absondern, die Lider sind gerötet und meist deutlich geschwollen.

Mit Borwasser (2%ig) oder warmem Kamillentee können die entzündeten Augen vorsichtig ausgewaschen werden. Die Behandlung muß öfter wiederholt werden. In besonders hartnäckigen Fällen sollte unbedingt der Tierarzt befragt werden.

Ballengeschwüre

Scharfkantige, zu schmale Sitzstangen und ein steiniger, harter Auslauf können unter anderem die Ursache für Verletzungen im Ballenbereich sein. Ballengeschwüre entstehen, wenn sich diese Verletzungen entzünden und eitern. Da Ballengeschwüre vom Laien unter Umständen mit Gichtknoten verwechselt werden können, sollte man die Behandlung, d.h. das Aufschneiden der Geschwüre dem Tierarzt überlassen.

Brüche

Bei Knochenbrüchen sollte man zunächst überlegen, ob das arme Tier nicht schnellstmöglich von seinem Leiden erlöst werden sollte. Eine Heilung von Knochenbrüchen ist nur dann möglich, wenn die Bruchstelle nicht im Fleisch liegt, sondern sich am Ständer befindet. Man bringt das Bein vorsichtig in die richtige Lage und schient es mit Hilfe von Holzstäbchen und Leukoplast. Meistens können die Tiere bald wieder auftreten und nach 2 bis 3

Wochen kann die Schiene entfernt werden. Während dieser Zeit müssen sie selbstverständlich von der übrigen Herde – möglichst jedoch mit Sichtkontakt – getrennt gehalten werden.

Die Behandlung von Flügelbrüchen hat im Vergleich zu den Beinbrüchen wenig Aussicht auf Erfolg.

Treten Knochenbrüche häufig in einer Hühnerherde auf, kann Kalkmangel und Mangel an Vitamin D die Ursache sein.

Bronchitis

Der Erreger der infektiösen Bronchitis ist ein Virus, das durch Kot und Nasenausfluß bereits infizierter Tiere ausgeschieden wird und sich durch Staub und verschiedene Zwischenwirte sehr schnell im Stall verbreitet. Die Tiere erkranken 1 bis 6 Tage nach der Ansteckung.

Typische Erscheinungen bei erkrankten Küken sind Atemnot, Röcheln und Niesen. Im fortgeschrittenen Stadium leiden die Tiere unter Nasenausfluß, magern ab und bekommen ein struppiges Gefieder. Je kleiner die Tiere sind, desto häufiger kommt es zu Todesfällen. Bei Jung- und Legehennen verläuft die Krankheit harmlos und ist von kurzer Dauer. Auch hier herrschen Atembeschwerden vor.

Eine Behandlung der Krankheit ist nicht möglich, ihr Verlauf kann jedoch durch Vitamin- und Antibiotikagaben gemildert werden.

Ein gutes Stallklima, ausreichende Belüftung und Vorsicht beim Tierkauf sind die wichtigsten Vorbeugungsmaßnahmen. Der Krankheit kann außerdem durch eine Impfung vorgebeugt werden.

Cholera

Die Geflügelcholera gehört zu den anzeigepflichtigen Seuchen und tritt heute kaum noch auf. Sie wird durch Bakterien hervorgerufen und durch unhygienische Haltungsbedingungen, verkotete Ausläufe, kalte Ställe, Vitamin- und Kalkmangel begünstigt. Dem können wir leicht entgegenwirken. Die Inkubationszeit beträgt 4 bis 9 Tage.

Die Tiere sind matt, ohne Appetit und haben wäßrigen zum Teil blutigen Durchfall. Bei chronischem Krankheitsverlauf kommt es zu schwerer Atemnot und Gelenkschwellungen. Bei akutem Krankheitsverlauf sterben die Tiere innerhalb weniger Stunden oder Tage.

Damit die Verbreitung dieser ansteckenden Krankheit vermieden wird, sind die entsprechenden veterinär-polizeilichen Vorschriften genau einzuhalten. Heilversuche sind bei dieser Krankheit in jedem Fall aussichtslos.

Darmentzündungen

Einfache Darmentzündungen, die also nicht als Begleiterscheinungen anderer Krankheiten auftreten, werden meist durch falsch zusammengesetztes oder verdorbenes Futter hervorgerufen. Das Futter muß deshalb sofort gewechselt werden, die Tiere werden im warmen Stall untergebracht. Dem Futter kann etwas feingekörnte Holzkohle beigemengt werden und zu Trinken bekommen die Tiere Kamillen- oder Pfefferminztee.

Eierstockerkrankungen

Eierstockerkrankungen können als selbständige Erkrankungen aber auch als Begleiterscheinungen anderer Krankheiten (Leukämie, Thyphus, Hühnerpest) vorkommen. Sie können beispielsweise durch äußere Einwirkungen wie Stöße, Schläge oder starke Erschütterungen verursacht werden. Die Legetätigkeit läßt nach oder hört schließlich ganz auf, wenn der gesamte Eierstock ein krankhaftes Gebilde ist. Erkrankungen des Eierstocks sind nicht heilbar. Die Tiere sollten deshalb getötet werden.

Eileiterentzündungen

Eileiterentzündungen können durch das Treten der Hähne, durch unsachgemäßes Befühlen (Tasten) der Hühner oder durch Pickwunden während des Legeaktes entstehen. Erreger sind zumeist Coli-Bakterien oder Salmonellen; auch Virusinfektionen können zu Eileiterentzündungen führen. Eine Behandlung der Entzündungen ist nicht möglich. Eine saubere und ungezieferfreie Nesteinstreu ist die wichtigste Vorbeugung.

Erfrierungen

Trockene Kälte können unsere Hühner ohne Schwierigkeiten vertragen. Erst bei extremen Kältegraden, vor allem jedoch in kalten und zu feuchten Ställen, können die Körperteile erfrieren, die nicht durch Federn geschützt sind und an denen sich die gefährliche Feuchtigkeit absetzt: Kamm, Kehllappen, Ohrscheiben, Zehen und Füße. Die erfrorenen Körperteile werden zunächst blutleer und kalt, dann blaurot und heiß und können erheblich anschwellen. Tiere mit Erfrierungen dürfen nicht sofort ins Warme gebracht werden, weil sonst die erfrorenen Stellen auftreiben und besonders schmerzen. Oft genügt es, die erfrorenen Teile tüchtig mit Schnee abzureiben und zu massieren. Auch eine Behandlung mit Frostheilsalbe ist möglich. Zur Vorbeuge kann man die federlosen und damit gefährdeten Hautpartien mit Öl oder Fett einreiben. Besser ist es jedoch, entsprechende Fürsorge walten zu lassen.

Gicht

Gicht entsteht meist bei älteren Tieren durch Eiweißüberfütterung und Vitamin-A-Mangel. Es handelt sich um eine Stoffwechselstörung, wobei im Körper zu viel Harnsäure gebildet wird, die nicht restlos ausgeschieden werden kann. Wir können zwischen der äußeren Gicht (Gelenkgicht) und der inneren (Eingeweidegicht) unterscheiden. Bei der äußeren Gicht entstehen an den Zehen und Fußgelenken Schwellungen, die mit gelblich-weißer Masse gefüllt sind (nicht zu verwechseln mit Ballengeschwüren!). Bei der Eingeweidegicht sind die inneren Organe mit feinkörnigem, weißem Belag überzogen.

Da es sich, wie oben bereits erwähnt, um eine Krankheit meist älterer Tiere handelt, sollte das Töten der Tiere einer langwierigen Behandlung vorgezogen werden. Viel Auslauf, reichlich Grünfutter und eine Umstellung des Futters auf geringere Eiweißgehalte ist die beste Vorbeuge gegen Gicht.

Geflügelpocken

Der Erreger dieser Krankheit, die hauptsächlich bei feuchter Witterung im Herbst und Winter auftritt, ist das Geflügelpockenvirus.

Die Ansteckung erfolgt über Sekrete der Mund- und Nasenschleimhäute sowie über den Kot. Die Infektion kann sich durch blutsaugende Insekten wie Milben und Zecken rasch in der Herde ausbreiten.

Bei der Hauptform bilden sich warzenähnliche Knoten an Kamm, Kehllappen, im Nasenbereich, an den Ohrscheiben und sogar am übrigen Körper. Die Pocken sind erbsen- bis kirschengroß, dunkelbraun und fallen nach einiger Zeit von selbst ab.

Die Schleimhautform äußert sich durch angeschwollene gelbe Beläge im Rachen und Schnabel (Erstickungsgefahr). Eine Behandlung lohnt sich nur bei leichterkrankten Tieren.

Als vorbeugende Maßnahme kann bei Junghennen eine Geflügelpockenimpfung durchgeführt werden.

Kammgrind

Beim Kammgrind handelt es sich um eine Pilzerkrankung. Befallen werden Kämme, Kehllappen und Ohrscheiben, wobei sich die Tiere durch gegenseitiges Berühren anstecken. Zuerst zeigen sich am Kamm kleine helle Flecken, die sich allmählich ausbreiten und borkenartig vergrößern.

Bei den ersten Anzeichen für diese Krankheit sollten die betreffenden Tiere sofort isoliert und behandelt werden. Die Borken werden gut mit Ölsalbe eingerieben, behutsam entfernt und die erkrankten Stellen mit Jod bepinselt. Stall und Stallgeräte werden zur Behandlung und Vorbeugung gründlich desinfiziert.

Kalkbeine

Diese sehr häufig vorkommende Krankheit wird durch Milben (Fußräudemilben) verursacht, die sich in die Haut der Beine eingraben. Mit der Zeit bilden sich dicke Borken, die den Tieren beim Gehen Beschwerden machen. Sehr schnell kann die ganze Herde angesteckt werden.

Die Borke kann mit Schmierseife oder Salatöl eingeweicht und vorsichtig mit lauwarmem Wasser abgewaschen werden.

Im Anschluß daran werden die Beine mit Kalkbeinsalbe behandelt.

Kropfverstopfungen

Der selten vorkommende sogenannte „Weiche Kropf“ entsteht, wenn man den Tieren unverdauliches, in Gärung übergegangenes Futter verabreicht. Der Kropf tritt prall hervor und fühlt sich weich und elastisch an. Die Tiere verweigern das Futter und leiden unter Atemnot. Man kann versuchen, den Kropfinhalt durch Massage zu entfernen. Dabei wird das Tier mit dem Kopf nach unten gehalten, damit der übelriechende Kropfinhalt durch den Schnabel abfließen kann.

Der „Harte Kropf“ entsteht, wenn das Futter schwer verdaulich ist (Heu, Häcksel) oder wenn Fremdkörper (Knochen, Steine, Holzwolle) aufgenommen wurden und den Kropfausgang verstopfen. Der Kropf tritt hervor und fühlt sich hart an. Zunächst sollte man versuchen, den Kropf zu leeren (siehe oben). Sind diese Bemühungen erfolglos, kann der Kropfinhalt nur noch operativ durch einen Tierarzt entfernt werden (Kropfschnitt).

Leukose

Bei der Leukose handelt es sich um eine weit verbreitete Viruskrankheit. Die Ansteckung kann sowohl über das Brutei als auch durch Tierkontakt erfolgen. Am anfälligsten sind Jungtiere im Alter von 6–10 Monaten.

Die erkrankten Tiere magern allmählich ab, Kamm und Kehllappen verblassen oder werden gelblich. Die Leber ist stark vergrößert und hat weißliche Flecken, die auch an Milz und Nieren vorhanden sein können. Eine Heilung ist nicht möglich.

Legenot

siehe Seite 150

Marekische Lähme (Geflügellähme)

Die Marekische Lähme ist eine Viruskrankheit, die das Gehirn und die Nerven befällt. Hängende Flügel und ein unsicherer und hinkender Gang mit unnatürlich eingeknickten Beingliedmaßen gehören zum Erscheinungsbild der Krankheit. Charakteristisch sind auch die grau-grün verfärbten Augen und die gezackten Pupillenränder.

Die Ansteckung erfolgt durch infizierte Küken oder Junghennen, durch verseuchten Kot, Einstreu oder Geräte sowie durch Zecken und Vogelmilben. Die Sterblichkeit bei Jungtieren beträgt bis zu 60%. Eine Behandlung der Marekischen Lähme gibt es nicht, eine vorbeugende Impfung ist jedoch möglich (Eintagsküken).

Rachitis

Rachitis ist eine Vitaminmangelkrankheit, unter der hauptsächlich Küken, aber auch erwachsene Tiere leiden können.

Beinschwäche, Gelenkverdickungen und -verbiegungen, Einknicken der Zehen und Hocken auf den Fersengelenken gehören zum äußeren Erscheinungsbild. Tritt Rachitis in der Herde auf, hilft eine sofortige Vitamin-D3-Kur. Bei richtig ernährten Tieren mit genügend Bewegung in Luft und Sonne kommt diese Mangelkrankheit normalerweise nicht vor.

Rote Kükenruhr (Kokzidiose)

Die Rote Kükenruhr ist eine der verbreitetsten Jungtierseuchen. Es handelt sich hierbei um Blinddarm- und Dünndarmentzündungen. Der Erreger ist ein einzelliger Parasit, dessen Dauerformen (Oozysten) sowohl gegen Hitze als auch gegen Kälte sehr widerstandsfähig sind. Hauptsächlich werden Küken in der 2.–8. Lebenswoche von dieser heimtückischen Krankheit befallen. Feuchte Einstreu ist ein idealer Nährboden für die Oozysten, die lange Zeit ansteckungsfähig bleiben können.

Die Übertragung erfolgt durch das Picken im Kot erkrankter Tiere und durch verunreinigtes Futter und Trinkwasser.

Erscheinung und Verlauf der Krankheit können sehr unterschiedlich sein. 3 Tage nach der Ansteckung zeigen sich folgende Symptome: Die Tiere kümmern, lassen die Flügel hängen und nehmen kaum noch Futter auf. Blutiger Durchfall wird ausgeschieden. Bei raschem Verlauf kann der Tod schon nach 4 bis 5 Tagen eintreten.

Eine Behandlung der erkrankten Tiere ist meist unrentabel und auch gefährlich, da sie zu Dauerausscheidern werden können. Bei frühzeitigem Erkennen der Krankheit kann jedoch mit entsprechenden Mitteln eine weitere Ausbreitung verhindert werden. Stall, Geräte und Auslauf müssen gründlich gereinigt und desinfiziert werden.

Regelmäßige Beseitigung von Kot und Erneuerung der Einstreu, wiederholte Stall- und Gerätedesinfektion, richtige Fütterung der Tiere und Pflege des Auslaufs gehören auch hier zu den wichtigsten Vorbeugemaßnahmen.

Schnupfen

Der Schnupfen wird durch Bakterien übertragen. Voraussetzung für diese ansteckende Krankheit ist jedoch fast immer eine Erkältung durch feuchtwarme oder feuchtkalte Stalluft, verbunden mit Vitamin-A-Mangel. Eitriger Nasenausfluß, Kopfschütteln, Niesen, Atembeschwerden, röchelnde und piepsende (Pips!) Atemgeräusche sowie Schwellungen im Nasen- und Augenbereich kennzeichnen das Krankheitsbild. Die Inkubationszeit beträgt 1–5 Tage.

Tuberkulose

Die Tuberkulose kommt vor allem in überalterten Herden und bei sehr schlechten und unhygienischen Haltungsbedingungen vor. Die Krankheit kann sich sehr lange hinziehen und ist nicht nur für andere Tiere (Rinder, Pferde, Schweine) sondern auch für Menschen ansteckend. Die erkrankten Tiere magern ab, Kamm und Kehllappen verblassen. Bei der Sektion zeigen sich gelbe Knötchen in Leber und Milz, an den Darmwänden oder auch in den Knochen.

Der Erreger (Tuberkelbazillus), der mit dem Kot ausgeschieden wird, ist extrem widerstandsfähig. Nur direkte und längere Sonnenbestrahlung verträgt er nicht.

Eine Heilung der Geflügeltuberkulose ist nicht möglich. Im Ernstfall muß die ganze Herde abgeschlachtet werden. Stall, Geräte und Auslauf müssen sorgfältigst desinfiziert werden. Wenn möglich sollte man den Stall sogar ein Jahr leerstehen lassen.

Ungeziefer

Durch blutsaugende *Milben* kann bei den Tieren Blutarmut und infolgedessen auch eine höhere Krankheitsanfälligkeit und allgemeine Konstitutionsschwäche eintreten. Tagsüber halten sich die Milben im Stall, beispielsweise unter den Sitzstangen oder in Wandritzen, versteckt; nachts fallen sie förmlich über die armen Tiere her, um Blut zu saugen.

Federlinge, Flöhe und *Läuse* sind Hautschmarotzer. Sie halten sich im Federkleid der Tiere auf und belästigen bzw. beunruhigen sie dadurch stark.

Alles Ungeziefer sollte unverzüglich und gründlich bekämpft werden, da es mit Sicherheit nicht wieder gut zu machende Schäden verursacht und zudem unsere Tiere unnötig quält. Regelmäßige und gründliche Reinigung und Desinfektion des Stalles und aller Einrichtungsgegenstände sind die wichtigsten Vorbeugungsmaßnahmen. Die Sitzstangen müssen von Zeit zu Zeit gründlich gereinigt und mit Karbolineum o.ä. behandelt werden. Die Tiere sollten immer wieder mit Insektenvertilgungsmittel eingepudert werden und jederzeit die Möglichkeit zum Staubbaden haben. Dem Staubbad sollte reichlich Holzasche, Tabakstaub oder hin und wieder Insektenpuder beigemischt werden.

Weiße Kükenruhr (Pullorumseuche)

Die Erreger dieser Krankheit, die durch eine außerordentlich hohe Sterblichkeit gekennzeichnet ist, sind Salmonellen.

Die Ansteckung erfolgt einmal über das Brutei infizierter Hennen, zum anderen durch Aufnahme des Erregers im verseuchten Futter, im Kot usw. Die Inkubationszeit beträgt nur 2 bis 5 Tage.

Falsche Haltungsbedingungen während der Aufzucht (Unterkühlung, Überhitzung) können die Krankheit schlagartig zum Ausbruch bringen. Die Küken sind schwach, lassen die Flügel hängen, zeigen ein erhöhtes Wärmebedürfnis und verweigern die Futteraufnahme. Der Kot ist gelblich-weiß bis grünlich. Die Flaumfedern am After sind verklebt.

Eine Behandlung der erkrankten Tiere ist sinnlos, da sie als Dauerausscheider eine ständige Gefahr für die gesunden Tiere bleiben. Als wichtigste Vorbeugemaßnahmen gelten Hygiene und die richtigen Wärmegrade bei der Aufzucht.

Verletzungen

Ist ein Tier verletzt und blutet, muß es sofort von der übrigen Herde isoliert werden, da der Anblick blutender Wunden die anderen Hühner zu ständigem Picken reizt und in Kannibalismus ausarten kann. Die Wunde muß vorsichtig gereinigt und gut desinfiziert werden. Das Tier sollte bis zum vollständigen Abheilen der Wunde isoliert bleiben. Wenn möglich jedoch mit Sichtkontakt zur Herde.

Vergiftungen

Vergiftungen können vor allem durch Fahrlässigkeit und Unachtsamkeit vorkommen. Futtermittel sind von Gift und Schädlingsbekämpfungsmittel streng getrennt zu lagern und dürfen nicht mit ihnen in Berührung kommen.

Kornrade, Mutterkorn, Futtermittel mit zu hohem Salzgehalt oder verdorbenes Futter darf auf keinen Fall verfüttert werden, Karbolineum kann im noch feuchten Zustand zu Verätzungen führen und wirkt sich als Dampf eingeatmet sehr verhängnisvoll aus. Kunstdünger (Kali, Salpeter, Stickstoff) können zu lebensgefährlichen Verätzungen im Schlund, Kropf und Vormagen führen. Auch Getreidebeizmittel können schwere Vergiftungen hervorrufen.

Vergiftungen sind daran zu erkennen, daß die Tiere würgen, sich erbrechen, Durchfall und Krämpfe haben, taumeln und unsicher gehen. Ebenso können Benommenheit und Schlafsucht Anzeichen für Vergiftungen sein. Die Behandlung der erkrankten Tiere richtet sich jeweils nach der Art des aufgenommenen Giftes.

Wurmbefall

Feuchte Einstreu und ein ungepflegter, verkoteter Auslauf sind ideale Brutstätten für Würmer. Aber auch unter günstigen Umweltbedingungen ist es ratsam, in regelmäßigen Abständen Wurmkuren bei den Tieren durchzuführen.

Bandwürmer können bis zu 15 cm lang werden und bestehen aus einzelnen Gliedern. Sie werden durch Zwischenwirte, meist Fliegen und andere Insekten, übertragen.

Spul- und Haarwürmer können vor allem Jungtiere in ihrer Entwicklung stark beeinträchtigen. Die Tiere magern ab, leiden an Durchfall und das Gefieder wird struppig.

Luftröhrenwurmbefall äußert sich in Freßunlust und Atemnot der Tiere. Die Würmer saugen sich an der Schleimhaut der Luftröhre fest und ernähren sich von Blut.

Blinddarmwürmer oder Pfriemenschwänze setzen sich in der Darmschleimhaut fest.

Kleine Stallapotheke

Für die genannten Vorbeuge- und Pflegemaßnahmen sowie für Notfälle sollten wir in jedem Fall gerüstet sein. Daher empfiehlt es sich, vom Tierarzt rechtzeitig eine Stallapotheke zusammenstellen zu lassen.

Sie sollte unter anderem enthalten:
• ein Multivitaminpräparat zur Behandlung und Vorbeuge von Vitaminmangelkrankheiten, (zum Beispiel Rachitis) und zur allgemeinen Stärkung, vor allem in der Wachstumsphase und nach überstandener Krankheit
• ein Wurmmittel für regelmäßige Wurmkuren
• ein Mittel zur Behandlung von Durchfallerkrankungen
• ein Desinfektionsmittel zur Behandlung von Hautverletzungen und Hauterkrankungen
• ein Mittel gegen Ektoparasiten wie Federlinge, Flöhe und Milben
• eine Wund- und eine Frostheilsalbe
• Borwasser (2%ig) und Kamillentee zur Behandlung von Augenentzündungen.

Medikamente müssen abgeschlossen und für Kinderhände unerreichbar aufbewahrt werden.

Einfangen und Kennzeichnen unserer Tiere

Müssen wir ein Tier behandeln, sollten wir es möglichst ohne großes Aufsehen aus der Herde entfernen. Nun können wir nicht immer davon ausgehen, daß jedes unserer Hühner so handzahm ist, daß wir es jederzeit mit der Hand greifen können. Sobald es nämlich merkt, daß wir etwas ungewöhnliches mit ihm vorhaben und der erste Greifversuch fehlgeschlagen ist, wird es auf der Hut sein. Um es nun zu erwischen, müßten wir es durch den Stall oder den Auslauf verfolgen und würden – abgesehen von der meist lächerlichen Figur, die wir selbst dabei abgeben – die ganze Herde nur beunruhigen. Besser ist es von vornherein, bewährte Hilfsmittel wie den Fanghaken oder das Fanggitter zu benutzen. Den *Fanghaken* verwenden wir immer, wenn wir rasch ein bestimmtes Huhn aus der Gruppe herausgreifen müssen. Dabei betreten wir ganz unbefangen den Stall oder den Auslauf, machen uns unauffällig an das bestimmte Tier heran, legen den Fanghaken von hinten vorsichtig um einen der Ständer und haben es so an der Angel. Gleichzeitig bemühen wir

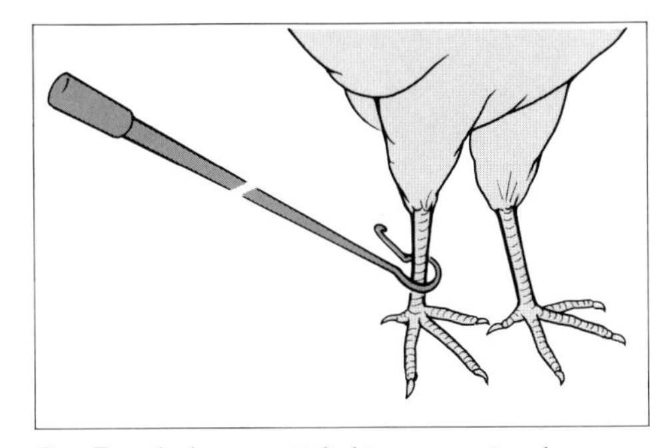

Der Fanghaken ermöglicht es uns, einzelne Tiere schnell und sicher aus der Herde zu greifen.

uns, das Huhn mit einem fachmännischen Griff der freien Hand sogleich an uns zu bringen, damit es nicht unnötig mit den Flügeln schlagen kann und Unruhe verbreitet.

Das *Fanggitter* ist empfehlenswert, wenn wir etwa die ganze Herde mit einem Insektenpuder einstäuben, eine Beringungsaktion vornehmen oder ähnliche Vorhaben durchführen wollen. Dazu treiben wir die Tiere mit dem geöffneten Gitter behutsam in eine Ecke und stellen schließlich die beiden äußeren Elemente jeweils so an die Wand, daß kein Huhn entweichen kann. Nun können wir bequem ein Tier nach dem anderen entnehmen, behandeln und in den Stall zurücksetzen. So haben wir auch gleich die Gewähr, daß wir es nicht zweimal der gleichen Behandlung unterziehen.

Damit sind wir auch schon bei einem weiteren kleinen, aber wichtigen Punkt: Nicht immer können wir unsere einzelnen

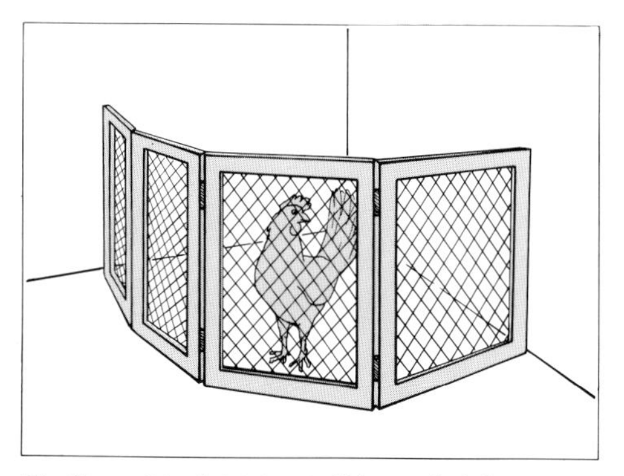

Ein Fanggitter leistet gute Dienste bei der Kontrolle oder einer eventuell notwendigen Behandlung unserer Tiere.

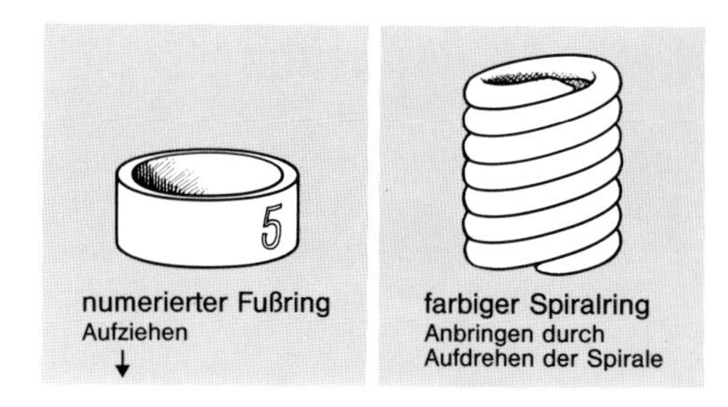

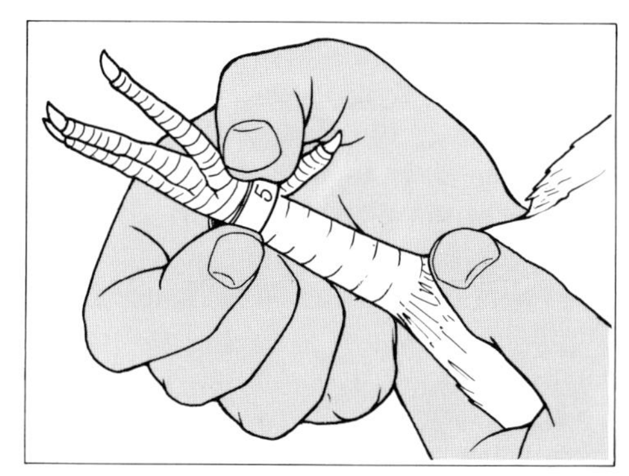

Fußringe erleichtern uns die Kontrolle über Leistung und Zustand unserer Hühnerherde.

Tiere ohne weiteres voneinander unterscheiden. Das gilt vor allem für die Zeit der Mauser, wenn sie vorübergehend ihr Aussehen völlig verändern. Daher sollten wir als sinnvollste und einfachste Lösung für eine eindeutige Kennzeichnung Fußringe benutzen, die es in verschiedenen Ausführungen zu kaufen gibt. Besitzer von Rassegeflügel werden natürlich numerierte Metallringe verwenden. Dem Hobbyhalter ohne Züchterambitionen genügen durchaus farbige Spiralringe aus Kunststoff. Sie haben im übrigen den Vorteil, daß man sie bei erwachsenen Tieren auch noch nachträglich aufziehen kann.

Die Geflügelprodukte

Rund ums Ei

Einige Zahlen

Eigewicht	⌀ 58 g
Dotteranteil	32%
Eiklaranteil	58%
Schalenanteil	10%
Schalendicke	0,2–0,4 mm
Bruchfestigkeit	2,5–4 kp
Porenzahl der Schale	150/cm^2
Gefrierpunkt	–2,2 bis –2,8 °C
Alter einer Henne bei Legebeginn	18–24 Wochen
Legeleistung	⌀ 225 Eier pro Jahr
Dauer der Eileiterwanderung	22–25 Stunden
Pro-Kopf-Verbrauch in der BRD	⌀ 290 Eier
Energiegehalt pro Ei	⌀ 85 kcal (= 350 kJ)

Viel kopiert, doch nie erreicht, könnte man in Anlehnung an einen alten Werbespruch fabulieren, beschäftigt man sich einmal näher mit dieser verblüffenden Naturerscheinung. Den meisten Menschen, und da können wir uns wohl schwerlich ausnehmen, erscheint zumindest das Hühnerei – ein Massenprodukt unserer Tage – alltäglich, ja banal. In großer Auswahl, frisch und sauber, ist es überall wohlfeil erhältlich. Wer will sich da schon nähere Gedanken machen, Gedanken über ein „Produkt", das unter gewissen Bedingungen, statt direkt in unsere Mägen zu wandern, auch neues Leben hervorbringen kann. Denn wohl kaum jemand ist bewußt, daß ein Frühstücksei, so es befruchtet ist, schon das Stadium werdenden Lebens erreicht hat.

Niemandem soll mit diesem Hinweis der genußvolle Verzehr seines Frühstückseis vergällt werden. Er soll nur bewußt machen, daß das, was die Menschen als ihr „Produkt" bezeichnen, in Wahrheit ein originäres Produkt der Natur ist und ungeachtet dessen auch bleibt, ob das Ei von Hühnern aus Käfigbatterien, Bodenstallhaltung oder Auslaufhaltung stammt; einerlei, Ei bleibt Ei.

Ein wenig aus der Kulturgeschichte

Betrachten wir das Ei heutzutage lediglich als ein wertvolles Nahrungsmittel, so war das im Altertum grundlegend anders. Gelehrte wie Pythagoras hielten das Essen von Eiern für verwerflich, da in ihm bereits der Keim für neues Leben gelegt sei. Andere Philosophen verglichen das Ei mit den vier irdischen Elementen. Dabei versinnbildlichte die Schale die Erde, die Luftkammer die Luft, das Eiweiß das Wasser und das Dotter das Feuer.

In vielen Völkern war das Ei bei religiösen Festen eine willkommene Opfergabe. So auch unser bemaltes oder gefärbtes Osterei. Letzteres begegnet uns bereits in den alten Kulturen der Chinesen, Ägypter und Perser, die ihr Neujahrsfest im Frühling das „Fest des roten Eies“ nannten. Bis weit hinaus über das Mittelalter blieb die rote Farbe dominierend für das Osterei. Rot als Farbe des Blutes, der Liebe und des Sieges ist auch heute noch die Farbe des echten Ostereies. In Griechenland heißt der Gründonnerstag auch heute noch „roter Donnerstag“, weil an diesem Tage die Eier für das Osterfest vorwiegend rot gefärbt werden.

Andere wieder benutzten das Ei als Währung, wie auch in jüngster Geschichte nach dem zweiten Weltkrieg bei uns geschehen. Das Ei wurde dabei auf dem Schwarzmarkt gleich hinter begehrten Genußmitteln wie der Zigarette gehandelt.

Berühmte Köche rühmen es als absolut unentbehrlich für die Küche. Man sagt ihm nach, daß es die Manneskraft stärke. Es dient als Krankennahrung, ist am Gelingen vieler Köstlichkeiten, wie Soßen, Spätzle, Liköre, Feinbackwaren und Mayonnaise beteiligt. Wir waschen uns damit die Haare, benutzen es für medizinische wie technische Zwecke oder – essen es ganz einfach.

Schlicht, das Ei ist so universell verwendbar, wie es aussieht, also das echte Ei des Columbus.

Eiwerdung

Wie das Ei aufgebaut und strukturiert ist, wurde bereits bei der Behandlung des Bruteies beschrieben. Richtig klar wird uns der Aufbau eines Eies jedoch erst, wenn wir uns vor Augen führen, wie aus der winzigen Eizelle im Eistock der Henne auf seiner Reise durch den Eileiter ein richtiges Ei wird.

Ursprung

Erinnern wir uns an die Beschreibung über den Aufbau des Bruteies, so beginnen wir bei der Erklärung zur Eiwerdung am besten mit dem inneren Teil des Eies, der Dotterkugel.

Diese gelbe Kugel, bestehend aus der Keimscheibe, dem Bildungsdotter, dem Nährdotter und umgeben von der Dotterhaut, wird im Eierstock der geschlechtsreifen Henne gebildet. Mehrere Tausend dieser Eizellen beherbergt der Eierstock eines gesunden Tieres. Sie bilden, von einer kugelförmigen Zellschicht umschlossen, kleine Dotterbläschen (Follikel), die gleich einer Traube mit Stielchen an dem Eierstock befestigt sind. Die Follikelhaut platzt schließlich bei einer bestimmten Größe der Dotterkugel und gibt sie frei. Läuft dann alles nach Plan, wird die gelbe Kugel von der trichterförmigen Öffnung des Eileiters aufgefangen und die Reise durch den Eileiter beginnt. Dieser Vorgang wiederholt sich bei unseren Legehennen alle

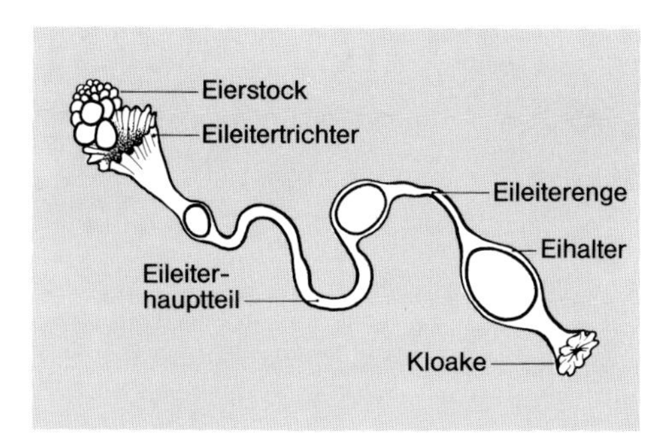

Diesen Weg durch den Eileiter muß das Ei hinter sich bringen, ehe es feuchtglänzend im Nest landet.

24 bis 36 Stunden und führt in weiteren 24 Stunden zur „Geburt“ eines fertigen Hühnereis. Jetzt wird uns auch klar, warum jedes Huhn höchstens nur 1 Ei am Tag legen kann, eine biologische Tatsache, der weder die praktische Züchtung noch die Wissenschaft etwas anhaben konnte. So schreibt schon Robert Oettel 1873:

„Man kann wohl Pflanzen treiben, allein eben so wie man nicht im Stande ist, ein Ei vor der naturgemäßen Zeit auszubrüten, vermag man 2 Eier in einem Tage zu erzielen. Jedes Ei bedarf zu seiner vollständigen Entwicklung und Reife nach langjährigen Beobachtungen mindestens 20 bis 22 Stunden, was selbst bei den fruchtbarsten Gattungen der allerkürzeste Zeitraum und nur ausnahmsweise ist, da ein Huhn bei anhaltend fortgesetztem täglichem Legen in den meisten Fällen jeden Tag 1 bis 2 Stunden später legt. Zwei vollständig ausgebildete Eier vermag kein Huhn an demselben Tage zu legen, wohl aber kann es vorkommen, daß es frühzeitig ein reifes Ei produziert und am Nachmittag oder Abend ein weichschaliges folgen läßt, was seinen Grund in Überreizung oder einer anderen Unregelmäßigkeit hat; sicher wird es aber dann den darauf folgenden Tag gar kein Ei liefern“.

Eileiterwanderung

Auf seiner Wanderung durch den Eileiter oder Legedarm wird der Eizelle alles mitgegeben, was zu einem rechten Hühnerei gehört. Hat die Henne zuvor ein Rendezvous mit dem Hahn gehabt, so ist der Reisebeginn im Trichter auch der Ort, wo die männlichen Spermien sich mit der Keimzelle vereinigen können. Allerdings reicht hier ein Rendezvous gleich für mehrere Eier aus, doch davon später. Bald wird nämlich die Dotterkugel von der ersten Schicht des Eiklars umhüllt sein, und zwar von einer dickflüssigen Schicht, die auch die sogenannten Hagelschnüre ausbildet. Abgesondert wird das Eiklar durch Drüsen der Eileiterwände, wobei sich die Eidotterkugel während ihrer Wanderung durch den Eileiter um sich selbst dreht. Dabei hält sich das werdende Ei in den einzelnen Abschnitten des 60 bis 75 cm langen Eileiters unterschiedlich lang auf und erhält von innen nach außen die bereits bei der Beschreibung des Bruteies dargestellte Struktur.

Am längsten, etwa 20 Stunden, hält es sich im sogenannten Eihalter oder Uterus auf. Dort bekommt es sozusagen den letzten Schliff und wirft sich in Schale. Zot-

Merkmale eines frischen und eines alten Hühnereies

Eileiterabschnitt	*∅ Verweildauer*	*Länge in cm*	*Funktion*
Eileitertrichter	20 Minuten	8	Aufnahme der dotterreichen Eizelle und evtl. Befruchtung
Eileiterhauptteil	2–3 Stunden	33	Anlagerung des Eiklars (45%)
Eileiterenge	1¼ Stunden	9,5	Anlagerung von Eiklar und Bildung der Schalenhaut
Eihalter (Uterus)	20–21 Stunden	8,5	Anlagerung von Eiklar und Kalkschalenbildung

tenförmige Drüsen scheiden eine kalkhaltige Masse aus, die das somit bereits fertige Ei umschließt, schließlich erstarrt und die feste Eischale bildet. Dann kommt noch die Eihaut dazu und fertig ist das Wunderwerk.

Jetzt braucht es nur noch nach außen befördert zu werden. Dazu wird es durch die Scheide in die Kloake gepreßt. Hier ist es am Ende seiner Reise angelangt. Die Wand des Eileiters bzw. der Kloake stülpt sich um und ein sauberes frisches Ei liegt feuchtglänzend im Nest, was die Henne auch mit lautem Gegacker verkündet.

Abnormes

Doch nicht immer sind die Eier so makellos, wie zuvor beschrieben. Wir finden hier eine Reihe von zum Teil kuriosen Abnormitäten.

Da gibt es zunächst die *Fließ-* oder *Windeier.* Sie sind weichschalig oder gänzlich ohne Kalkschale ausgebildet und recht unappetitlich anzusehen, wiewohl für den menschlichen Genuß als Rührei oder zum Backen voll verwendbar. Die Ursache kann in einer Funktionsstörung der Kalkdrüsen im Eihalter oder in einer fehlerhaften Fütterung (nicht genügend kalkhaltiges Zusatzfutter) liegen. Oft ist diese Störung vor allem zum Legebeginn einer Henne zu beobachten.

Spareier nennt man Eier ohne Dotter. Hierfür kann eine nervöse Reizung der Drüsen an den Eileiterwänden verantwortlich sein, d.h. sie produzieren Eiklar, obwohl keine Dotterkugel den Eileiter passiert, von der üblicherweise erst dieser Reiz ausgeht. Im übrigen läßt den Eileiter das Objekt, das er mit Eiklar umgibt, völlig gleichgültig. Man weiß von Versuchen, wonach Hennen Korkbällchen in entsprechender Größe in den Eileitern gepflanzt wurden und ganz normale Eier entstanden, die lediglich statt der Dotterkugel einen Korkball enthielten.

Eier mit *Doppeldotter* entstehen, wenn zwei Follikel gleichzeitig platzen und ihre Dotterkugeln in den Trichter des Eileiters gleiten lassen. Dort werden sie wie eineiige Zwillinge behandelt und mit dem gleichen Eiklar umhüllt.

Spureier enthalten Fremdkörper, die durch den Hahnentritt in den Eileiter gelangen können, oder Blutflecken, die sich auf dem Weg durch den Eileiter aufgrund geplatzter Äderchen o.ä. einnisten können.

Man kann Eier beobachten, die ein bereits fertiges Ei in sich tragen. Dieses *Ei im Ei* entsteht vermutlich dadurch, daß das bereits fertige Ei aufgrund physiologischer Störungen im Eileiter zurückgehalten wird und eine weitere Teilpassage durch den Eileiter mitmacht.

All diese Varianten sind mehr oder minder eßbare Kuriositäten. Gefährlich für die Gesundheit des Huhnes jedoch sind die sogenannten *Bauch-* oder *Schichteier.* Dabei fällt die herangereifte Dotterkugel nicht in den Trichter, sondern in die Bauchhöhle zwischen die Eingeweide und geht dort nach einer gewissen Zeit in Fäulnis über. Haben sich schließlich mehrere Dotterkugeln dort angesammelt (Schichteier), führt dies zunächst zum Eistellen der Legefähigkeit und schließlich zu einem qualvollen Tod der Henne. Ursache für diese Abnormität ist zumeist die Erschlaffung des Trichters. Die Gründe dafür können jedoch sehr verschiedenartig sein, sodaß es für den Laien besser ist, Tiere mit solchen Störungen im Legemechanismus rasch aus dem Verkehr zu ziehen, als lange an der Ursachenfindung „herumzudoktern".

Ebenfalls auf eine Mißbildung der Eier zurückzuführen ist die sogenannte *Legenot,* die durch zu große, unregelmäßig geformte oder durch querliegende Eier auftreten kann. Andere Ursachen können ein geschwächter oder entzündeter Legeapparat sein. Besonders häufig tritt diese Schwergeburt beim Legen des ersten Eis auf.

Zu erkennen ist die Legenot daran, daß die Henne einen Katzbuckel macht, die Flügel hängen läßt und offenbar versucht, durch verzweifeltes Pressen sich seiner Fracht zu entledigen.

In unserer kleinen Hühnerherde wird uns dieses qualvolle Unterfangen sicherlich nicht entgehen. Man versucht nun zunächst, das Ei – nach alter Regel das Tier mit dem Hinterteil über Kamillendampf haltend – durch Massieren und vorsichtiges Kneten aus dem Eileiter herauszustreichen. Auch ein Einlauf mit Pflanzenöl kann zum Erfolg führen. Als letztes Mittel bleibt noch die Zerstörung des Eis im Eileiter mit einer Pinzette oder einem ähnlich geeigneten Werkzeug. Größte Vorsicht und Behutsamkeit ist jedoch angebracht, da der Eileiter nicht verletzt werden darf. Sicherlich ist es nicht jedermanns Sache, einen solch schwierigen Eingriff an dem gequälten Tier vorzunehmen. Besser ist es wohl in solch einem Fall, die Behandlung einem Tierarzt zu überlassen.

Besonderes
Zum Schluß noch ein Wort zum Eierstock der Henne. Während die Säugetiere üblicherweise über deren zwei in paariger Anordnung verfügen, ist beim Huhn wie bei anderen Vögeln auch nur ein Eierstock und zwar der linksliegende voll ausgebildet. Die Verkümmerung des rechten Organs ist wohl dadurch zu erklären, daß bei starken Erschütterungen des Vogels, z.B. beim Landen, in zwei Eileitern gebildete Eier aneinanderschlagen und zerbrechen könnten.

So hat sich denn auch hier Mutter Natur einmal mehr zu helfen gewußt; allerdings in diesem Fall einmal nicht wie meistens durch Produktion von scheinbarem Überfluß, sondern im Gegenteil durch den Mut zur Lücke.

Nährwert des Eies

Das Ei ist eines der wertvollsten Nahrungsmittel. Bedenken wir, daß es sozusagen als Wegzehrung für werdendes Leben dienen muß, scheint uns das auch nicht weiter verwunderlich. Allerdings ist es keine Kalorienbombe im Sinne eines höchst energiereichen Nahrungsmittels, sondern eher eine sehr ausgewogene Kombination von hochwertigen Naturstoffen, gepaart mit hoher Verdaulichkeit. Es enthält Eiweiß, Kohlenhydrate, Mineralstoffe, Vitamine und Fett, u.a. Lezithin.

Den Nährwert eines einzigen Hühnereies von Normalgröße können wir uns am besten vor Augen führen, wenn wir es in

Zusammensetzung des Eies

Wasser	65,6%
Eiweiß	12,1%
Fett	10,5%
Kohlenhydrate	0,9%
Mineralstoffe + Vitamine	10,9%

Vergleich stellen zum durchschnittlichen täglichen Ernährungsbedarf eines erwachsenen Menschen. Dabei fällt auf, daß der Kalorienbedarf nur unzureichend gedeckt wird. Dafür ist der Gehalt an wertvollen Mineralstoffen und Vitaminen sowie hochwertigem Eiweiß und leicht verdaulichen Fetten mehr als ungewöhnlich in so konzentrierter Form im Vergleich zu anderen Nahrungsmitteln.

Dazu enthält sinnigerweise das Eiweiß im Ei weniger Eiweiß als der oder das gelbe Dotter. Daher haben wir im vorherigen Kapitel auch immer von Eiklar und nicht von Eiweiß gesprochen. Daß das Eiklar volkstümlich und unausrottbar als Eiweiß bezeichnet wird, ist wohl auf seine Wandlung unter Hitzeeinfluß zurückzuführen, wenn das echte Eiweiß

Zusammensetzung von Eiklar und Eigelb

	Eiklar	Eigelb
Wasser	87,9%	48,7%
Eiweiß	10,6%	16,6%
Fett	–	32,6%
Kohlenhydrate	0,9%	1,0%
Mineralstoffe	0,6%	1,1%

oder Protein des Eiklars stockt und eine weiße Färbung annimmt. Wichtig ist auch noch zu wissen, daß Eiweiß nicht gleich Eiweiß ist. Es gibt für die menschliche Ernährung höher- und niederwertigere Formen des Eiweißes, das aus den sogenannten Aminosäuren besteht. Unter diesen Aminosäuren gibt es wiederum jene, die als essentielle Aminosäuren bekannt sind. Essentiell heißt in diesem Fall nichts anderes, als daß es sich hier um Aminosäuren handelt, die der Körper selbst nicht bilden kann, die aber für die Lebensvorgänge im menschlichen Körper lebensnotwendig (= essentiell) sind und daher von außen zugeführt werden müssen.

Ebenso wichtig und wertvoll für einen harmonischen Ablauf der Lebensprozesse sind die genannten Vitamine und Mineralstoffe, mit denen das Ei ebenfalls außergewöhnlich reich gesegnet ist. Nicht zu vergessen das erwähnte Lezithin, das dem fleißigen Eieresser ein starkes Nervenkostüm verschafft. Wunderdinge sind jedoch nicht zu erwarten. Eine sinnvolle Einbindung in den übrigen Speiseplan ist daher ratsam.

Eigüte

Ein gutes Ei wird geprägt von verschiedenen Komponenten. Die wichtigsten sind:

- Aussehen
- Frische
- Farbe
- Geruch und Geschmack

Aussehen

Das Aussehen eines Eies wird von dem Grad der Sauberkeit, der Eiform sowie der Beschaffenheit der Eischale wesentlich geprägt. Ein sauberes Ei wirkt appetitlicher als ein angeschmutztes oder verkotetes Exemplar. Allerdings kann man heute vielfach beobachten, daß der Verbraucher mancher Scharlatanerie auf den Leim geht, wenn ihm teils verschmutzte Ware als sogenannte Bio- oder Ökoeier angepriesen werden, deren einziger besonderer Naturbezug darin zu bestehen scheint, daß sie natürlich verschmutzt sind. Auch Eier aus Hühnerhaltungen mit Aus- oder Freilauf dürfen ruhig ein sauberes Äußeres besitzen, so der Anbieter eine sachgerechte Hühnerhaltung betreibt.

Es sei auch gestattet – zumindest ist es für den Eigengebrauch unerheblich – verschmutzte Eier vor dem Verzehr zu säubern. Hüten sollten wir uns jedoch davor, die Eier lange zu waschen oder womöglich im Wasser einzuweichen. Dadurch erhalten wir am Ende zwar äußerlich makellose, reingeweichte Exemplare, doch sind sie dafür inwendig nicht mehr so makellos, weil nun ein Teil des Schmutzes samt unliebsamer Mikroorganismen durch die Poren der Schale ins Innere gelangt ist. Es empfiehlt sich daher, verschmutzte Eier mit einem Tuch sauber zu reiben. Gelingt dies nicht ganz, sind sie vielleicht nicht mehr zum Frühstück geeignet, wohl aber unbeschwert zum Kochen und Backen verwendbar.

Was die Eiform betrifft, verlangt der Markt eine ovale, gleichmäßige Formgebung mit glatter, fester Schale. Das ist bei der Massenproduktion besonders wichtig wegen der normierten Verpackungsanlagen und Versandbehältnisse. Ferner sind bei Normform und glatter Schale auch weniger Knick- und Brucheier zu besorgen. Der kleine Hühnerhalter und Selbstversorger wird hier nicht so strenge Maßstäbe anlegen müssen. Er darf sich über jedes Ei freuen und kann sogar an Form und äußerer Beschaffenheit erkennen, welche Henne welches Ei gelegt hat.

Frische

Der Frischegrad eines Eies wird vom Verbraucher als Qualitätsmerkmal sehr hoch eingeschätzt. Dabei wird mit der Vorstellung der Frische unmittelbar ein besonders guter Geschmack oder ein besonders hoher Gesundheitswert in Verbindung gebracht; und das alles nach der Maxime, je frischer desto besser. Nun wissen wir, daß Eier bei entsprechender Lagerung einige Zeit haltbar sind, ohne daß sie an ihren wertgebenden Bestandteilen übermäßige Einbußen erleiden. Doch hat diese Lagerfähigkeit auch gewisse Grenzen, die beim heutigen Stand der Eierversorgung nicht unbedingt ausgereizt werden müssen.

Der Leser dieses Buches, der entweder schon Kleinhühnerhalter ist oder es gerade werden möchte, wird nun einwenden, was kümmerts mich, ich hab ja immer frische Eier von meinen Hennen. Im Grunde hat er recht, andererseits wird auch er wohl zu bestimmten Zeiten – sei es während längerer Abwesenheit, zur Zeit der Mauser oder im Winter – genötigt sein, Eier zu lagern und möglichst frisch zu halten. Auch wenn er überschüssige Eier verkaufen oder verschenken möchte, werden ihm die folgenden Hinweise nützlich sein.

Die einfachste Methode, Eier auf ihr Alter und damit ihre Frische zu testen, besteht darin, sie in einen mit Salzwasser gefüllten Topf zu legen und zu beobachten, wie sie sich verhalten. Bleiben sie am Boden des Gefäßes flach liegen, sind sie erst wenige Tage alt, im Alter von etwa einer Woche stellen sie sich mit dem stumpfen Ende schräg nach oben, ein zwei bis drei Wochen altes Ei steht schließlich senkrecht mit der Spitze nach unten im Wasser. Noch ältere Eier „lernen" das Schwimmen und sind mit Vorsicht zu „genießen".

Ursache für dieses altersbedingte Verhalten ist die unterschiedlich große Luftblase oder Luftkammer, die sich, wie wir ja wissen, zumeist am stumpfen Pol eines Eies befindet. Sie wird mit zunehmendem Alter des Eies größer, weil das Ei durch die Poren Flüssigkeit verdunstet, die durch Luft wieder ersetzt wird. Daraus folgt wiederum, daß die beschriebene Methode auch nur einen groben Anhaltspunkt für das Alter bzw. die Frische eines Eies liefern kann. Denn je nach den Lagerbedingungen gibt das Ei schneller oder langsamer Feuchtigkeit ab.

Auch wenn wir ein Ei aufschlagen, um uns ein köstliches Spiegelei zuzubereiten, können wir mit einem Blick erkennen, ob uns aus der Pfanne ein frisches oder schon betagtes Produkt anblickt. Das frische Ei

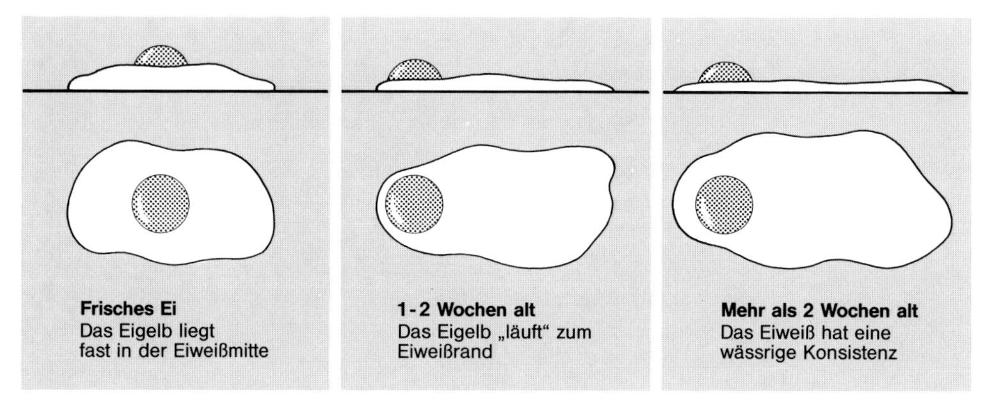

Mit diesem Test kann man den Frischegrad eines Eies ermitteln.

schaut uns ganz ruhig aus der Mitte des Eiklars an und wird von diesem auf konzentriertem Raum zusammengehalten. Außerdem sind die verschiedenen Eiklarschichten – wir erinnern uns – recht klar zu erkennen. Nach einer Woche bereits beginnt der Blick etwas unruhiger zu werden, das Dotterauge beginnt zum Eiklarrand zu wandern und die Eiklarschicht wird flacher. Nach mehr als drei Wochen

Merkmale eines frischen und eines alten Hühnereies

	frisch	*alt*
Schale	glänzend	matt, stumpf
Luftkammer	klein	vergrößert
Eiklar	überwiegend zähflüssig	überwiegend dünnflüssig
Dotter	in der Mitte liegend, kaum beweglich, zusammenhaltend, hoch, Haut gespannt, einheitliche Farbe	beweglich, z.T. auch an Schale klebend, flach, leicht zerfließend, Haut faltig bis runzlig, wolkiges Aussehen
Geruch	ohne Geruch	muffig, später unangenehm riechend
Geschmack	aromatisch	fade, zunehmend eklig

schließlich haben wir u.U. nur noch ein scheles, wässriges Auge vor uns, das in der Pfanne einen traurigen Anblick bietet. Zwar ist es auch jetzt noch ohne weiteres genießbar, doch ist der Genuß bei einem solchen Aussehen sicher nicht mehr ungeschmälert.

Farbe

Unter diesem Qualitätsmerkmal sind zwei Komponenten zu unterscheiden, und zwar die Farbe der Schale und die des Dotters.

Nun kann die Farbe der Außenhaut eines Hühnereies sicherlich kein ernsthaftes, objektives Kriterium für die ernährungsphysiologische Qualität sein, doch erfreuen sich Eier mit bräunlicher Schalenfärbung immer größerer Beliebtheit, weil sie vom Verbraucher wegen der angeblich naturnahen Färbung gern mit Öko- oder Bioeiern in Verbindung gebracht werden. Dieses Vorurteil ist nur schwer aus der Welt zu schaffen. Im übrigen ist für uns nur wichtig zu wissen, daß die Farbe der Außenhaut eines Hühnereies rein rassebedingt ist. Daher sollten wir bei der Auswahl der Rasse, die wir uns zulegen wollen, immer auch die Eifarbe mit ins Kalkül ziehen, soweit uns dieser Punkt bedeutend erscheint.

Gewünscht wird allgemein ein Ei mit satter goldgelber Färbung des Dotters. Verantwortlich für die Farbe sind die im Futter mehr oder weniger enthaltenen Karotinoide, das sind natürliche Farbstoffe, die die gelbliche bzw. rötliche Färbung des Eidotters hervorrufen. Je nach Kombination dieser beiden farbgebenden Komponenten kommt eine dunkle oder helle Gelbfärbung zustande.

Auch hier sollten wir gleich mit einem Vorurteil aufräumen. Die Dotterfarbe ist kein Indiz für die Haltungsform, wie vielfach dem Verbraucher weiszumachen versucht wird. Hühner in Bodenhaltung mit Auslauf können durchaus Eier mit nur blaßgelber Dotterfärbung produzieren. Entscheidend für eine goldgelbe Farbe des Dotters ist auch hier das Futterangebot mit den obengenannten farbgebenden Bestandteilen, d.h. ein Grünbestand im Auslauf, mit einem möglichst hohen Anteil an karotinhaltigen Pflanzen oder ein entsprechendes Wirtschaftsfutter mit einem hohen Anteil an Luzernegrünmehl oder Paprikaschrot.

In vielen industriell hergestellten Mischfuttern werden statt der natürlichen Karotinträger auch künstliche Farbstoffe verwendet. Sie haben den Vorteil, daß ihre farbgebende Wirkung auch bei längerer Lagerung nicht nachläßt. In jedem Fall ist die Wirkung der verabreichten Futtermischung auf die Dotterfarbe verblüffend. Ja man kann sogar mit entsprechenden Farbstoffen statt gelber Dotter auch grüne, blaue, rote oder andere Farbvarianten hervorrufen.

Für uns als Halter einer kleinen Hühnerschar reichen jedoch durchaus die von Natur aus im Grün des Auslaufs enthaltenen Farbstoffe, um eine angenehm gelbe Dotterfarbe auf den Teller bzw. in den Eierbecher zu zaubern. Unterstützen können wir die Henne bei ihrem schweren

Geschäft der Dottergelbfärbung durch einen entsprechenden Anteil an Maisschrot im Futter und vor allem im Winter durch Zufütterung von zerkleinerten Karotten, die ja bekanntlich den gewünschten Farbstoff in großer Konzentration enthalten.

Geruch und Geschmack

Wie beim Wein so sind auch beim Ei diese beiden Gütemerkmale nicht getrennt voneinander zu betrachten. Gibt es beim ersteren jedoch eine breite Skala objektivierter subjektiver Eindrücke, – was ein jeder weiß, der die Werbung verfolgt oder eine Weinprobe mitzelebriert hat, – so ist man bei der Beurteilung des Eies noch nicht so weit. Oder haben Sie schon mal etwas von einem „Trockenen Leghorn", „Fruchtigen Sussex" oder „Spritzigen Rheinländer" gehört, wenn es sich um Eier handelt? Wenn auch so mancher behauptet, Eier von Hühnern in Auslaufhaltung schmecken besser als Batteriehuhneier, den Beweis konnte mangels der fehlenden Kriterien für den Wohlgeschmack bisher niemand erbringen; Geruch und Geschmack des Hühnereies sind vorwiegend abhängig vom Futter und von der Lagerung. Offensichtlich besonders empfindlich reagieren Eier auf stark riechende Substanzen, mit denen sie in Berührung kommen oder die in ihrer Nähe gelagert sind. Durch die zahlreichen Poren in der Eischale, die den Luftaustausch gewährleisten sollen, nehmen sie rasch in der Luft liegende starke Gerüche an. So kann z.B. ein traniger Fischgeschmack daher rühren, daß die Eier in der Nähe von fischmehlhaltigen Futtermitteln gelagert werden. Auch unangenehmer Stallgeruch kann sich übertragen. Daher sollten wir die Eier möglichst bald nach dem Legen absammeln und an einem luftigen, geruchsneutralen Ort lagern. Weiter sollten wir Futtermischungen mit auffallendem Eigengeruch meiden. Beherzigen wir diese einfachen Grundregeln, werden wir uns immer eines ungetrübten Genusses sicher sein können.

Größe und Gewicht

Diese beiden Gütekriterien hängen naturgemäß ebenfalls untrennbar zusammen. Fragen wir uns, warum unsere Hühner nicht nur unterschiedlich geformte gefärbte Eier legen sondern auch unterschiedlich große, so gibt es darauf mehrere Antworten.

Erstes Kriterium ist sicherlich die Rasse. Große Hühner legen im allgemeinen größere Eier als kleinere bzw. leichte oder verzwergte Rassen. Dann ist die Größe eines Eies abhängig vom Alter einer Henne. Junghennen legen wesentlich kleinere Eier als ältere Hühnerdamen. Aber auch innerhalb der gleichen Altersgruppe derselben Rasse kann es erhebliche Unterschiede geben, da die physiologische Leistungsfähigkeit eines Individuums eben individuell ist. Das können wir an uns selbst ja ebenso immer wieder feststellen.

Während die Eigröße und damit auch gleichzeitig das Gewicht nur eine rein quantitative Aussage für die Güte eines Eies machen kann, ist sicher interessant zu

Durchschnittliche Eigewichte und -bestandteile im Vergleich

	Gewicht in g	*Dotteranteil in %*	*Eiklaranteil in %*	*Schalenanteil in %*
Gans	161,0	35	52	13
Pute	86,0	33	56	11
Ente	70,5	36	54	10
Huhn	58,0	32	58	10
Taube	19,5	19	71	10

wissen, daß sich mit zunehmender Größe eines Eies auch eine prozentuale Zusammensetzung ändert; und zwar wird der relative Anteil des ernährungsphysiologisch höherwertigen Dotters in gleichem Maße geringer wie der Anteil des Eiklars steigt. Bei einem Gewichtsunterschied von 20 g beträgt die Verschiebung etwa 4 Volumen %. Dieser Umstand ist dem Verbraucher vielfach nicht bewußt und im Grunde auch für ihn unerheblich, weil das absolute Gewicht oder Volumen des Dotters bei dem größeren Ei genauso groß oder gar größer ist. Einzig die Schale bleibt in ihrem relativen Anteil bei großen wie kleinen Eiern gleich. Auch hier liegt also das Optimum im Preis-Leistungs-Verhältnis in der besagten goldenen Mitte.

Güteklasse

Aus diesem Grunde werden die Eierpreise auch nicht auf die prozentualen Anteile der schwer erfaßbaren wertgebenden Bestandteile des Eiinhaltes bezogen, sondern auf das Gewicht. Dazu wurden für den Bereich der Europäischen Union verbindliche Standards festgelegt, die aufgrund der neuen EG-Verordnung Nr. 1511/96 zum 1. August 1996 nicht mehr nach Gewichtsklassen 1–7 unterscheiden, sondern entsprechend der bekannten Größenangaben für unsere tägliche Kleidung nach den Kategorien XL, L, M, und S. Diese neuen Gewichts- oder Größenangaben sind wie folgt definiert:

EG-Klassifizierung	*Bezeichnung*	*Gewichtsklasse*
XL	Sehr groß	73 g und darüber
L	Groß	63 g bis unter 73 g
M	Mittel	53 g bis unter 63 g
S	Klein	unter 53 g

Neben den üblichen Pflichtangaben auf den Eierverpackungen können noch weitere Angaben freiwillig aufgedruckt werden, wie z.B. die Haltungsform oder das Legedatum, also nicht nur das Mindesthaltbarkeitsdatum (A-Eier) oder das Verpackungsdatum (B-Eier). Hinsichtlich der

Haltungsform dürfen nur die Bezeichnungen
- Freilandhaltung
- Auslaufhaltung
- Bodenhaltung
- Batteriehaltung

verwendet werden. Diese Haltungsformen sind ebenfalls in einer EG-Verordnung exakt definiert. Daher sind andere Angaben wie etwa „Wieseneier“ oder „tierschutzgerechte Haltung“ nicht zulässig.

Bevorzugt werden vom Verbraucher in der Regel die mittleren Gewichtsklassen mit Tendenz nach oben, weil diese Größe am ehesten „eierbechergerecht“ ist und das ausgewogenste Preis/Leistungsverhältnis zu ergeben scheint.

Ferner gibt es eine Differenzierung nach Frischegrad und Vorbehandlung in C, B und A-Eier, wobei Eier der Klasse C für die industrielle Weiterverarbeitung bestimmt sind, die der Güteklasse B bereits länger gelagert oder haltbar gemacht wurden, die der Klasse A schließlich unserem heutigen Standard für ein frisches Frühstücksei entsprechen. Sollten wir uns mit dem Gedanken tragen, die Eier aus unserer Hühnerherde kommerziell direkt zu vermarkten, gilt auch für uns die am 7. Januar 1995 in Kraft getretene „Hühnereier-Verordnung“, die die Vermarktung von Eiern von der Lagerung über den Transport bis zum Verkauf regelt.

Das Fazit, was wir für uns ziehen können, ist, sich über jedes Ei normaler Größe und Beschaffenheit zu freuen und nicht den Ehrgeiz darein legen zu wollen, Hühner zu besitzen, die möglichst große Eier legen. Das ist weder für uns als Selbstversorger sinnvoll, noch eröffnet es uns als Kleinvermarkter größere Absatzchancen.

Werden schließlich die Eier aus unserer Herde immer größer, ist uns das nur ein Zeichen dafür, daß der Bestand langsam an seine Leistungsgrenze heranwächst und dringend verjüngt werden muß. Folglich liegt hier im Mittelmaß der Quantität die höhere Qualität und Wirtschaftlichkeit.

Verzehrvarianten (Lukullisches)

Wie viele Verbraucher werden ihr Leben lang von nestfrischen Eiern nur träumen können, wobei ihnen ein leichter Trost sein mag, daß wirklich frisch gelegte Eier aus dem Nest nach wissenschaftlichen Untersuchungen und eigener Erfahrung noch gar nicht das Geschmacksoptimum erreichen. Der optimale Zeitpunkt für den höchsten Genuß beim Verzehr eines Hühnereies liegt zwischen dem 3. und 4. Tag, nach dem es „das Licht der Welt erblickte“, optimale Lagerungsbedingungen selbstverständlich vorausgesetzt.

In diesen Hochgenuß wird der Normalverbraucher jedoch schwerlich kommen, denn bis die Eier zu ihm gelangen, sind sie mit Sicherheit schon älter als eine Woche. Der kleine Hühnerhalter mag sich diesen Luxus Tag für Tag gönnen. Jedoch wird er alle Eier, die seine Hennen ihm ins Nest legen, nicht genußoptimieren können, sondern sie möglichst sachgemäß lagern oder gar konservieren müssen.

Wenn auch die Vorratshaltung früherer Tage für uns bei dem täglichen, reichlichen Angebot an Hühnereiern zu jeder Jahreszeit kaum noch eine Bedeutung hat, so ist es doch wichtig, zu wissen, wie man ein solch empfindliches Eiweißgebilde über längere Zeit haltbar machen kann.

Man verwendete dazu einst irdene Töpfe, die mit einem flüssigen Konservierungsmittel wie Wasserglas, Salz- oder Kalkwasser (Kalkmilch) gefüllt wurden. Dahinein wurden nun absolut saubere und unbeschädigte Eier gelegt, die sich bei entsprechend kühler aber frostfreier Umgebung über mehrere Monate „frisch", d.h. genießbar, hielten. Je nach Konservierungsmethode und Konservierungszeit mußte man Abstriche bei den Verwendungsmöglichkeiten für die Küche machen. In Salzwasser eingelegte Eier sind z.B. nicht mehr voll als frische Frühstückseier tauglich; auch wird man mit ihnen in der feinen Küche keinen Eischnee mehr zaubern können. Eine weitere Möglichkeit des Haltbarmachens bestand darin, die Poren der Eier mit allerlei Mitteln zu verschließen. Man verwendete dazu u.a. Fett, Paraffin, Firnis, Glycerin, Salicylsäurelösung, Leim, Gummi, Schellack und auch geschmacklose Vaseline.

Wir sehen, man scheute vor nichts zurück, um in eierarmen Zeiten in den Genuß dieser Köstlichkeit, wenn auch unter Inkaufnahme leicht vorstellbarer Geschmackseinbußen, zu gelangen. Daß die genannten Methoden Gegenstand mancher Kritik waren und jeder es besser wußte, mögen folgende Zeilen belegen:

„Über die zweckmäßigste Art, Eier für den wirthschaftlichen Gebrauch möglichst lange zu konserviren, ist sehr viel geschrieben und gestritten worden. Ein Vorurtheil ist es, zu glauben, die in den Hundstagen gelegten Eier hielten sich länger; naturgemäß halten sich die zuletzt gelegten Eier stets am besten. Eier halten sich mehrere Monate lang, vorausgesetzt, daß sie nicht angebrütet sind und keine Sprünge haben, auf einem gewöhnlichen, allbekannten Eierbrett, wogegen es nicht zu empfehlen ist, sie auf Stroh zu legen, weil sie davon leicht einen dumpfen Beigeschmack annehmen; sie müssen sich an einem trockenen und zugleich kühlen Ort befinden. In Kisten zwischen Weizenkleie oder gesiebte Holzasche gelegt, dergestalt, daß sie sich nicht unmittelbar berühren, ist ebenfalls eine angemessene Aufbewahrungsart. Das sicherste bleibt aber Kalkwasser, welches mit bestem Erfolg von Personen, die sich mit Eierhandel beschäftigen, angewendet wird. Man bereitet es, indem man Wasser kocht, damit es seine Kohlensäure und atmosphärische Luft abgebe, löst sodann frisch gebrannten Kalk darin auf, rührt die Mischung einigemal um, gießt das Wasser ab und auf die in Töpfen befindlichen Eier, wodurch sich ein Überzug von kohlensaurem Kalk um die Schale bildet, welcher die Einwirkung der Luft abhält. Dieses Kalkwasser muß die Eier nicht nur vollständig bedecken, sondern sie sogar noch einige Zoll hoch überragen. Die einzulegenden Eier müssen nicht nur frei von Schmutz sein, sondern es dürfen sich auch keine verletzten unter ihnen befinden, welche zuerst in Fäulniß übergehen und das Verderben der anderen herbeiführen würden.“

Quer durchs Fleisch

Pro-Kopf-Verbrauch in der BRD	9 kg
Energiegehalt pro 100 g	100 kcal (419 kJ)

Fleisch von Hühnern ist bekömmlich, ernährungsphysiologisch wertvoll und schmackhaft. Daher haben sich neben Betrieben für die Eierproduktion spezielle Mastbetriebe entwickelt, die innerhalb von sechs Wochen aus dem Eintagsküken ein marktfähiges Grillhähnchen ermästen. Bei dieser gewerblichen Wirtschaftsmast handelt es sich ausschließlich um Jungtiermast, die den Verbraucherwünschen nach fettarmem, eiweißreichen Fleisch damit entspricht.

Mast und Fleisch junger Tiere

Besinnen wir uns auf das, was auf Seite 104 zur Brut gesagt wurde, so erinnern wir uns sicherlich daran, daß beim Schlupf etwa je zur Hälfte weibliche und männliche Küken das Licht der Welt erblicken. Es stellt sich daher die Frage, was tun mit den jungen Hähnchen.

Am wirtschaftlichsten ist es wohl für uns, sie selbst zu mästen und so neben den immer wieder anfallenden Suppenhühnern einen zarten, leckeren Braten zu haben. Sollte uns nicht der Sinn danach stehen, die Nachzucht selbst zu ziehen, wohl aber nach einem guten Braten, so lohnt es sich auch, junge Hähnchen von einer Brüterei zu beziehen und zu mästen.

Dabei können wir ähnlich vorgehen wie die gewerblichen Mästereien und die stürmische Wachstumsphase des Junggeflügels durch Verabreichen von konzentriertem Mastfutter und Halten auf engem Raum ausnützen, um in kürzester Zeit ein handelsübliches Hähnchen zu erhalten. Wir können uns aber auch mehr Zeit lassen, d.h. die Jungtiere etwas älter und größer werden lassen und erst im Stadium zwischen der 12. und 14. Woche der eigentlichen Mast unterziehen. Die Vormast in den ersten 12 Wochen entspricht dabei der üblichen Aufzucht des Junggeflügels mit entsprechendem Auslauf oder zumindest ausreichend Bewegungsmöglichkeit in einem lichten, trockenen Stall.

Für die Endmast in den letzten beiden Wochen sollten folgende Futterrationen beispielgebend sein, wobei die Tiere während dieser Zeit ausschließlich im Stall gehalten werden (s. auch Seite 163):

Tages-Mastration für ein Huhn mittelschweren Typs

Gekochte Küchenabfälle – insbesondere Kartoffeln	60 g
Weizen- und Haferschälkleie	20–30 g
Gerstenkörner und gebrochener Mais	nach Belieben

Das Ergebnis wird sich sehen lassen können, nämlich ein Fleisch von fester Konsistenz, weniger Wasseranteil und beträchtlicher Menge. Der Braten, den wir uns hier herangemästet haben, wird eine kleine Familie wohl sattmachen, im Gegensatz zu den handelsüblichen Brathähnchen, das maximal für zwei Personen ausreicht. Wir haben es ausprobiert und können sagen, daß es eine Freude ist, ein nach dieser Methode sorgsam gemästetes Jungtier in der Küche zuzubereiten, und ein Genuß, es zu verspeisen.

Generell ist jedoch wichtig – und dies gilt auch für die Mast älterer Tiere –, daß man eine Hühnerrasse hält, die sich neben einer guten Legeleistung auch als guter Fleischlieferant empfiehlt, also ein echtes sogenanntes Zwiehuhn. Von Vorteil wäre weiterhin, doch das sei dem persönlichen Geschmack überlassen, wenn es ein möglichst helles Fleisch und helle Haut besitzt, was in unseren Breiten allgemein als appetitlicher angesehen wird als gelbliches oder dunkles Fleisch mit entsprechender Hautfärbung.

Mast und Fleisch älterer Tiere

Die gewerbliche Mast ausgewachsener Hennen wie Hähne ist heute praktisch ohne Bedeutung. Dies war noch bis in die erste Hälfte unseres Jahrhunderts anders. Unter Masttieren verstand man hier immer solche mit abgeschlossenem Körperwachstum und entsprechend angemästetem Fettpolster. Das Huhn diente in dieser Zeit eben nicht allein als Lieferant möglichst mageren und eiweißreichen Fleisches, sondern auch als relativ preiswerter Fettversorger für die Küche. Damit lag die Mast ausgewachsener Hühnervögel – ähnlich wie heute die Jungtiermast – voll im Trend der damaligen Eß- und Ernährungsgewohnheiten. Um das Ziel eines vollfleischigen und fettumgebenen Schlachtkörpers zu erreichen, wurden keine Mühen gescheut. Ja man wetteiferte geradezu im Ersinnen neuer und Verfeinern alter Mastmethoden, was zuweilen auch in bestialische Gemeinheiten ausuferte. Während die allgemein anerkannte Methode bei der Endmast das Nudeln oder Stopfen war, verstiegen sich manche wirren Geister dahin, die Masttiere auf ihren Sitzstangen festzubinden oder gar festzunageln, damit sie durch unnötige Bewegung auch ja kein angefüttertes Gramm verlören, ja den armen Kreaturen die Augen auszustechen in der Meinung, dadurch ihren Bewegungsdrang zu mindern, oder sie aus nämlichen Beweggründen in engen Käfigen an dunklen, möglichst wenig belüfteten Orten in Einzelhaft zu halten.

Abgesehen von diesen perversen Auswüchsen war das Stopfen – wie bereits erwähnt – die gängige Form der Geflügelmast. Wollte man bei erwachsenen Tieren rasch zu einem Mastergebnis in der damals erwünschten Form kommen, war dieses Mittel nur eine logische Konsequenz für den ökonomisch auf den Konsumentenbedarf hin orientierten Geflügelhalter. Denn von einem bestimmten Zeitpunkt an wollten und wollen die Hühner nicht mehr fressen, als ihnen unbedingt guttut. Das war der Zeitpunkt, wo die Zwangsernährung für die sogenannte Vollmast einsetzte. Wie so etwas konkret aussah, mag nachstehende Originalquelle belegen:

„Die Stopferin nimmt zwei Stück zugleich, hüllt sie bis auf den Kopf in ein Tuch und setzt sie auf ihre Kniee. Neben ihr ist ein Gefäß mit Wasser und eine Schüssel mit dem Teige.

Dieser Teig ist dick; man macht davon Kugeln von der Größe einer Olive (oder einer größeren Kirsche) und zwingt den Vogel, sie zu verschlucken, bis der Kropf voll ist. Um das Verschlucken zu erleichtern, nimmt man wechselweise den einen oder andern. Wenn der eine zwei oder drei Nudeln verschluckt hat, nimmt man den andern. Man taucht die Nudeln vorher in Wasser und steckt sie dann in den Schnabel, was das Hinabschlucken erleichtert. Selten hat man einem Stück mehr als 15 Nudeln auf jede Mahlzeit zu geben. Zuletzt muß man mit den Daumen die Nudeln nachschieben, damit sie in den Kropf gelangen.

Der Teig wird aus grobem Maismehl und frischer Milch gemacht. Man kann aber auch grobes Mehl von Buchweizen, Gerste, Buchnüssen nehmen“.

Nun mag sich mancher Leser dieser Seiten fragen, was dies alles mit unseren heutigen vergleichsweise humanen Mastmethoden und insbesondere dem wohl eher extensiven Haltungssystem des kleinen Hühnerhalters zu tun hat. Antwort: Erstens wird es für den Hühnerhalter wie Konsumenten unserer Tage interessant und vielleicht nützlich sein zu wissen, wie sich auch der Mensch vergangener Tage, dem man je mehr Verbundenheit mit der Natur zuzusprechen geneigt ist, zuweilen an der lebenden Kreatur vergangen hat, nur um des eigenen Vorteils willen. Zweitens soll es uns daran erinnern, daß wir zwar den Weg zu unserem eigentlichen Ziel, nämlich schmackhaftes Fleisch zu erhalten, für die Tiere erträglicher oder gar angenehm gestalten können, nicht aber das bittere Ende, den gewaltsamen Tod, damit aus der Welt schaffen. Und drittens schließlich sollten wir uns vor Augen führen, daß gerade mit dem Fleisch von Hühnern für viele ärmere Mitmenschen vor allem in den Entwicklungsländern ein hochwertiger und zumeist noch erschwinglicher Nahrungsträger vorhanden ist. Letzteres ist ein Gesichtspunkt, der in der Diskussion um eine humane Tierhaltung oft zu wenig Beachtung findet.

Praktisches Vorgehen

Doch nun wieder zu unseren Wünschen und Möglichkeiten, aus einer bescheidenen Hühnerherde neben den köstlichen Eiern auch noch den ein oder anderen saftigen Braten zu erzielen. Denn getreu nach Wilhelm Busch:

„Nicht allein der Eier wegen, welche diese Hühner legen,
sondern, daß man dann und wann, auch 'nen Braten essen kann“.

In der Regel werden wir unsere Hühner

hauptsächlich der „Eier wegen" halten und den hier und da anfallenden Braten als zusätzliches Geschenk betrachten. Erinnern wir uns aber an das eingangs Gesagte, so wäre es Verschwendung und obendrein unklug, eine solche gesunde und schmackhafte Nahrungsquelle nicht voll auszuschöpfen. Mit ein wenig Planung und Übersicht können wir aus unserem Bestand durchaus eine ansehnliche Portion Geflügelfleisch gewinnen.

Gehen wir davon aus, daß unsere jährlich erzeugte Nachzucht sinnvoll in die Herde eingegliedert wird, d.h. ein- und zweijährige Tiere im Verhältnis 50/50 gemischt sind, so werden wir immer wieder Tiere beider Altersgruppen haben, die wegen schlechter Legeleistung, stark aggressiven Verhaltens oder wegen aufgetretener Verletzungen geschlachtet werden müssen. Wohlgemerkt handelt es sich hier nicht um Tiere, die der überschüssigen Nachzucht zuzurechnen sind und als Jungmasttiere aufgezogen werden. Einjährige Hennen sind nämlich nach einer entsprechenden Kurzmast durchaus noch als Bratgeflügel anzusprechen und können je nach Rasse ein recht umfangreiches und wohlschmeckendes Mahl liefern. Fallen Tiere aus der Gruppe der Zweijährigen an, ist es sicherer, sie von vornherein als Suppenhuhn einzuplanen, aus dem sich eine köstliche Brühe oder ein zartes Frikassée bereiten läßt.

Mastfutter

Für einjährige und zweijährige Tiere wie gleichermaßen für die Jungmasttiere sollten wir ein Futter verwenden, das einen höheren Anteil an Kohlenhydraten enthält als Futtermischungen für die Aufzucht oder zur Eierproduktion für Legehennen. Der Anteil an stärke- und fetthaltigen Getreidearten ist mithin zuungunsten von eiweißreichen Tier- und Pflanzenmehlen (Knochenmehl, Sojamehl) zu erhöhen. Wollen wir es uns einfach machen, können wir eine fertig zusammengestellte Mastfuttermischung industrieller Herkunft verwenden. In unserem Fall, wo nur saisonweise (Jungtiermast) oder in Einzelfällen (Auslese nach Legeleistung und anderen Kriterien) Masttiere zu verköstigen sind, ist es sicherlich angemessener, auf eine eigene Mastfutterzusammenstellung zu bauen.

Von den Getreidearten sind die Gerste als Vollkorn und der Mais möglichst in gebrochener Form für die Mast besonders ergiebig.

Dazu können auch Küchenabfälle vermischt mit Getreideschroten und Kleie gefüttert werden. Insbesondere gekochte Kartoffeln werden von den Tieren begierig aufgenommen. Allerdings sollte man davon nicht zuviel geben, da die Kartoffeln zwar rasch sättigen, wegen ihres hohen Wassergehalts jedoch umgerechnet auf die gleiche Menge Getreide wesentlich weniger Energie enthalten. Als Ersatz kann man sich auch getrocknete Kartoffelflocken besorgen, die aus etwa der fünffachen Menge frischer Kartoffeln hergestellt werden und somit den Energie-(Kohlenhydrat-)gehalt von Getreide noch übersteigen. Kartoffeflocken sind aber nicht ganz billig, so daß sie nur in Hochleistungsfuttermischungen in Form von Trockenfutter sinnvoll einsetzbar sind.

Gekochte Kartoffeln, Topinambur, Mohrrüben u.ä. fallen jedoch immer wieder in der gesunden Küche als Abfälle an und sind somit ideal als Ergänzungsfutter in unserer kleinen Mastanstalt geeignet.

Mastzeitpunkt

Nun bleibt noch die Frage offen, wie wir am besten den zur Mast ausersehenen Tieren diese spezielle Futtermischung zukommen lassen und bei welcher Haltungsform sie und damit vor allem wir am meisten profitieren. Zunächst sollten wir uns vor Augen halten, daß wir es nie mit großen Hühnerzahlen zu tun haben werden, die wir in die Mast einstellen können, denn schließlich ist unser Stallraum auf 12 Hühner und einen Gockel ausgelegt, so daß wir zumindest während der Winterzeit, wenn wir in der Regel die geringste Zahl an Tieren pflegen, nur in Einzelfällen mit mastfähigen Tieren konfrontiert werden. So wird es auch kaum lohnend sein, einen auftretenden Einzelfall infolge nachlassender Legetätigkeit oder ansteigender Streitsucht zum Anlaß zu nehmen, ein Kurzmastprogramm aufzulegen. Dazu kommt, daß in der kalten Jahreszeit der Energiebedarf zur Selbsterhaltung höher liegt und somit auch die Mast teurer würde.

Vorwiegend im Spätherbst und zu Winterbeginn würde sich im Anschluß an die Mast der Jungtiere – so wir auch diese betreiben – eine weitere Kurzmastperiode der wegen schlechter Leistung oder auffälliger Untugenden auszusondernden Tiere anbieten. Auch und gerade für diese Fälle dürfen wir uns getrost an die segensreiche Einrichtung der Tiefkühltruhe erinnern.

Zu achten ist bei der Auswahl des Mastzeitpunktes u.a. auch darauf, daß sich die Tiere möglichst nicht in der Mauser befinden, da sonst das Rupfen zur Qual wird.

Masthaltung

Voraussetzung für eine ergiebige Mast sind – wie bereits erwähnt – eine entsprechend abgestimmte Futtermischung, Ruhe und möglichst wenig Bewegung. Die Futterzusammenstellung wurde bereits besprochen. Um genügend Ruhe und eine eingeschränkte Bewegungsfreiheit zu erreichen, sollten wir die zur Mast bestimmten Hennen aus ihrer Herde entfernen und möglichst in einen anderen Stall oder zumindest in ein abgetrenntes Stallabteil verbringen. Hier sollen sie bei Licht und Luft unbehelligt vom Pascha des Hühnerhofes etwa 2 bis 3 Wochen ruhen und schlemmen, schlemmen und ruhen, damit sie die für einen guten Braten oder ähnliche Objekte menschlicher Gelüste dienlichen Gramm in Form von Fleisch und Fett ansetzen.

Doch damit nicht genug. Wollen wir alten Experten Glauben schenken, so ist das Fleisch durch Zufüttern verschiedener Gewürze in seinem Geschmack schon vor Berührung mit dem Bräter in der Küche beeinflußbar. Wir selbst haben es nie ausprobiert und wir müssen die armen Tiere ja auch nicht gleich nudeln, sondern können die Ingredientien in gemahlener oder geschroteter Form dem Futter zugeben. Doch lesen wir, was der erwähnte Experte schreibt:

„Endlich muß man eine Woche vor dem Ende der Mästung an das Parfümieren des Geflügels denken, je nach den Wünschen des Consums oder dem Geschmack der Käufer. Man macht zu diesem Ende Nudeln von Gerstenmehl oder Kleie und von Mehl der gewählten Substanzen: Zimmt, Koriander, Angelika, Wacholder u. – 10 bis 20 Cgr. Zimmt und starker Substanzen, 25 bis 30 Wacholderbeeren – ganz oder gestoßen – mit ein wenig Gerstenmehl und Milch zu einem Teig geknetet. Übung und Erfahrung geben die nöthige Quantität des Aromas an um ein Fumet (Blume) zu erzeugen, das um so delikater, als es fast unmerklich ist".

Schlachten

Und damit wären wir schon bei dem Thema, das vielen Haltern einer kleinen Herde nicht gerade das angenehmste ist; das Schlachten der Hühner. Es sollte so schnell und schmerzlos geschehen, wie irgend möglich. Grundsätzlich ist das Tier zuvor zu betäuben. Diese Maßnahme ist im übrigen gesetzlich vorgeschrieben (Tierschutzgesetz) und sollte unbedingt beachtet werden. Mindestens einen halben Tag vor dem Schlachten sollten die Tiere nicht mehr gefüttert werden, damit

Zusammensetzung des Schlachtkörpers

Lebendgewicht	100%
Blut und Federn	13%
Kopf, Füße und Eingeweide	17%
Genießbare Organe	6%
Fleisch	52%
Knochen	12%

Kropf und Darm möglichst wenig Futterreste enthalten.

Bevor wir zur Tat schreiten, legen wir uns einen hölzernen Hauklotz zurecht nebst den Schlachtutensilien wie einem scharfen Beil, dazu auf einem Tischchen ein scharfes Messer, eine Schüssel mit warmem Wasser, eine leere Schüssel, ein sauberes Geschirrtuch und stellen neben den Holzklotz einen Eimer. Dieses ganze Arrangement sollten wir an einem Ort zusammentragen, der nicht frei zugänglich ist – insbesondere nicht für neugierige Kinder – und abseits liegt von den übrigen Hühnern, damit wir diesen Aufregung ersparen.

Das Betäuben erfolgt am besten durch einen gezielten, kräftigen Schlag mittels eines Rundholzes auf den Hinterkopf des „Opfers". Dazu faßt man das Huhn an beiden Ständern und hält es mit dem Kopf nach unten, bis es sich ruhig verhält und den Hals ein wenig nach hinten aufwärts biegt, so daß wir unseren Schlag gezielt anbringen können. Gleich darauf erfolgt die Tötung, indem wir mit einem scharfen Beil den Kopf auf dem Holzklotz abtrennen. Es empfiehlt sich, direkt danach das Huhn in den bereitstehenden Eimer zu halten, damit es dort ausbluten kann und wir selbst nicht durch das ausfließende Blut zu sehr beschmutzt werden.

Rupfen

Ist das Blut ausgeflossen, beginnt das Rupfen, solange das Huhn noch warm ist. Darauf ist unbedingt zu achten, denn je leichter sich bei dem noch warmen Tier die Federn entfernen lassen, desto sauberer und appetitlicher verbleibt die Haut des Schlachtkörpers. Auch bei mehreren Tieren, die an einem Tag geschlachtet werden, sollten wir unbedingt diese Regel beachten. Werden wir allerdings einmal bei unserem Unternehmen unterbrochen und der bereits getötete Vogel wird kalt, so können wir uns mit einem warmen Wasserbad behelfen, in das wir den Tierkörper eintauchen und das warme Wasser eine Weile einwirken lassen. Das Überbrühen mit kochendem Wasser wirkt zwar intensiver, hat aber den Nachteil, daß die Haut mürbe wird und beim anschließenden Rupfen leicht reißt und unappetitlich wird. Gerupft wird entweder stehend und das Tier auf dem Tisch liegend oder sitzend mit demselben auf dem Knie und zwar mit der rechten Hand, wobei die Linke die Ständer hält, folgendermaßen: Zunächst die Schwungfedern der beiden Flügel, darauf die Schwanzfedern, dann die Brustfedern in Richtung zum Schwanz, hingegen die Rückenfedern zum Kopf hin, schließlich Schenkel, Hals und Restbestände. Die noch übrigen „Härchen" und Federkiele bekommen wir zu fassen indem wir sie zwischen Messerrücken und Daumen einklemmen und mit einem zakkigen Ruck herausziehen. Zum guten Schluß kann man den nackten Vogel noch über einer Spiritusflamme abschreuen, damit auch noch das letzte Überbleibsel des Federkleides beseitigt wird.

Ausnehmen

Zum Ausnehmen beginnt man am besten mit einem Schnitt am Nackenanfang, der bis zum Hals hochgeführt wird. Mit einer Geflügelschere oder dem scharfen Messer wird der Halswirbel am unteren Ende abgetrennt. Der Zeigefinger der rechten Hand kann nun eingeführt werden und durch Herumbewegen die Innereien lösen. Es folgt ein Schnitt zwischen Kloake und Schwanz. Der Schnitt wird vorsichtig um die Kloake herumgeführt. Dabei müssen wir darauf sehen, daß der Mastdarm nicht verletzt wird. Ist uns der Schnitt um die Kloake gut gelungen, können wir mit oder an derselben die daranhängenden Därme herausziehen. Es folgen Muskel- und Drüsenmagen, schließlich die bereits abgelösten Innereien wie Herz. Lunge und Leber. Vorsichtig bei der Leber, denn hier wird vom Unerfahrenen gern die von der Größe unscheinbare, jedoch an ihrer unappetitlich grünlichen Farbe gut zu erkennende Galle übersehen. Diese ist vorsichtig zu entfernen. Ein Fehler könnte sonst durch die auslaufende Gallenflüssigkeit Teile der Innereien oder gar des Fleisches ungenießbar machen. Der so ausgeräumte Schlachtkörper wird nun unter fließendem Wasser gespült und ist damit fertig für die Zubereitung.

Ein paar Rezepte

Doch nun zum eigentlichen Genuß. Der Lohn all des Schweißes und der Mühe soll schließlich am Gaumen spürbar werden und den hungrigen Magen füllen. Dazu heißt es endlich für einige ausgewählte Rezepte: „Man nehme"!

Hühnerfleisch ist in der Küche außerordentlich vielseitig verwendbar. Angefangen von leichten Salaten über würzige Suppen bis hin zu deftigen oder raffinierten Hauptgerichten reicht die bunte Palette der Zubereitungsmöglichkeiten. Hier nun eine kleine Auswahl nicht ganz alltäglicher Eier- und Geflügelrezepte zum Appetit machen. Eine reiche Auswahl an Gerichten vom Grundrezept bis zur raffinierten Küche für Könner findet sich in der umfangreichen Kochbuchliteratur.

Geflügel-Eiersalat

250 g gekochtes Hühnerfleisch
6 hartgekochte Eier
1 kleine Dose Champignons und/
oder Spargelstückchen
150–200 g Mayonnaise
Salz, Zitronensaft

Hühnerfleisch in Streifen und Eier in Achtel schneiden. Gut abgetropfte Champignons und/oder Spargelstücke dazugeben. Steife, mit Salz und Zitronensaft abgeschmeckte Mayonnaise darübergießen, vorsichtig unterheben. Mit Eierachteln garnieren und Toastbrot dazu reichen.

Geflügelcocktail mit Ananas und Champignons

150 g gekochtes Hühnerfleisch
2 Scheiben Ananas
1 kleine Dose Champignons
Cocktailsauce:
4 EL Mayonnaise
4 EL geschlagene Sahne
1–2 EL Tomatenketchup
1–2 EL Weinbrand
1 EL Sherry
Salz, Zucker, Zitronensaft
Zum Verzieren:
Salatblätter, Cocktailkirschen

Hühnerfleisch in Streifen schneiden. Ananas und Champignons abtropfen lassen, fein schneiden. Alle Zutaten der Cocktailsauce verschlagen und kräftig abschmekken. Hühnerfleisch, Ananas und Champignons unterheben. Je ein kleines Salatblatt in ein Cocktailglas geben, Cocktail einfüllen, mit den Kirschen garnieren und kühl servieren.

Hühnerfleisch-Pastete

2 Pakete Blätterteig
750 g enthäutetes Hühnerfleisch
1 rote und 1 grüne Paprikaschote
1 Zwiebel
1 Sträußchen Petersilie
1 kleine Dose Champignons
Butter, Öl
2 Eier
1 Becher Sauerrahm

1/8 l Weißwein
Salz, Pfeffer, Curry,
Paprikapulver
Zum Bestreichen:
2–3 EL Milch oder Rahm
1 Eigelb

Backform mit kaltem Wasser ausspülen, etwas mehr als die Hälfte des Teiges hineinlegen, Rand ca. 3 cm hoch. Das Hühnerfleisch in Würfel schneiden. Zusammen mit den Zwiebeln, der Petersilie, den grünen und roten Paprikastreifen und den abgetropften Champignons kurz in Butter und Öl anbraten. Eier, Sauerrahm, Salz, Pfeffer, Curry, Paprikapulver und Weißwein verquirlen. Die angebratenen Zutaten (Fleisch) in der Backform verteilen und mit den verquirlten Zutaten übergießen. Teigdeckel daraufsetzen, Rand und Deckel etwas mit Wasser bestreichen und gut zusammendrücken. In der Mitte des Teigdeckels mit einem Messer ein kleines Kreuz einschneiden, damit der beim Bakken entstehende Dampf entweichen kann. Pastete mit Kondensmilch und Eigelb bestreichen, Ofen auf 200 °C vorheizen. Auf unterster Schiene ca. 50 Minuten backen.

Würzeier – in Weinsud

8 hartgekochte Eier
1/4 l Weinessig
1/4 l trockener Weißwein
1/4 l Wasser
1 rote Zwiebel
1 TL Senfkörner
8 Wacholderbeeren
4–5 getrocknete Pfefferschoten (Chilies)
5 Gewürznelken
1 EL Salz
1 TL Zucker
4 Dillzweige

Alle Zutaten bis auf den Dill und die Eier aufkochen und 5 Minuten leicht köcheln lassen. Die Eier in einen Steinguttopf geben und dazwischen die Dillzweige legen. Den Sud etwas abkühlen lassen, dann über die Eier geben. Zugedeckt mindestens 48 Stunden durchziehen lassen. Nicht länger als 4–5 Tage aufbewahren, sonst werden die Eier zu scharf. Die Eier in einer Glasschale anrichten und mit etwas Sud bedecken. Dazu Brot, gesalzene Butter und nach Belieben Senf servieren.

Soleier

12 hartgekochte Eier
1 l Wasser
50 g Salz
3–4 getrocknete Chilischoten
2 Thymianzweige
1 kleine Zwiebel
2 Lorbeerblätter
1 TL Kümmel

Alle Zutaten bis auf die Eier 10 Minuten bei milder Hitze kochen lassen. Die hartgekochten Eier leicht anklopfen, in ein Glas legen und den Sud durch ein Sieb darübergießen. Abkühlen lassen. Das Glas verschließen und an einen kühlen Ort stellen. Am besten schmecken sie, wenn sie 4–5 Tage in der Sole gelegen haben. Dazu kräftiges Brot und gesalzene Butter servieren. Und so ißt man Soleier: Das geschälte Ei vorsichtig halbieren, das Eigelb herauslösen und zur Seite legen. In den entstandenen Hohlraum nach Belieben Senf, etwas Öl und einige Tropfen Essig geben. Das Eigelb umgekehrt wieder daraufsetzen und jede Eihälfte auf einmal in den Mund stecken. Außerdem kann man noch würzen mit: Worcestersauce, Tomatenketchup, pikanten Chutneys.

Eierlikör

15 Eigelb
400 g Puderzucker
2 Päckchen Vanillezucker
1 Prise Zimt
1/2 l Sahne
1/2 Flasche Weinbrand

Eigelb und Puderzucker schaumig rühren. Vanillezucker, Zimt und Sahne aufkochen, langsam auskühlen, nach und nach lauwarm unter die Schaummasse schlagen. Den Weinbrand dazurühren, kalt werden lassen und auf Flaschen ziehen.

Eierbier

3/8 l Milch
1/8 l Sahne
1/2 l helles Bier
100 g Zucker
1 Messerspitze Zimtpulver
1 Messerspitze gemahlene Nelken
4 Eier
2 Eigelb
abgeriebene Muskatnuß

Die Zutaten in einem Topf mischen. Auf den Herd stellen und bei nicht zu starker Hitze so lange mit dem Schneebesen schlagen, bis eine dickschaumige Masse entstanden ist. Rasch in vier dickwandige, zuvor mit heißem Wasser ausgespülte Gläser füllen, mit etwas Muskatnuß überstäuben und servieren.

Kaffee-Eier-Punsch

4 Eigelb
150 g Zucker
1–2 Eiweiß
1/2 l starker Kaffee

Eigelb mit Zucker vermischen und schaumig rühren. Man kann auch 1–2 Eiweiß dazugeben, dann wird die Masse flaumiger. Den starken Kaffee unter Rühren unter diese Eimasse gießen und die ganze Mischung auf dem Herd noch einmal heiß aufschlagen. In Tassen servieren.

Literatur

Altrichter, G. und Braunsberger, F.: Bäuerliche Geflügelhaltung. Österreichischer Agrarverlag, Wien 1992.

Baldamus, E.: Federviehzucht vom wirtschaftlichen Standpunkte. Schönfeld's Verlagsbuchhandlung, Dresden 1876.

Bessei, W.: Bäuerliche Hühnerhaltung. Verlag Eugen Ulmer, Stuttgart 1988.

Hof und Garten: Illustrierte Blätter für Landbau, Württembergische Landwirtschaftskammer. Verlag Eugen Ulmer, Stuttgart 1924.

Jahrbuch für die Geflügelwirtschaft. Hrsg.: Zentralverband d. Deutschen Geflügelwirtschaft. Verlag Eugen Ulmer, Stuttgart. Erscheint jährlich.

Löfflerin, Ch.: Neuestes Kochbuch für Haushaltungen aller Stände. Verlag Enßlin u. Laiblin, Reutlingen o.J.

Mehner, A.: Lehrbuch der Geflügelzucht. Verlag Paul Parey, Hamburg und Berlin 1962.

Nebesky, G.: Die Bäuerin als Geflügelhalterin. Verlag Eugen Ulmer, Stuttgart 1931.

Oettel, R.: Der Hühner- oder Geflügelhof. Verlag Bernhard Friedr. Voigt, Weimar 1873.

Reiner, W.M.: Verhaltensforschung bei Nutztieren. KTBL Schrift 174, Landwirtschaftsverlag GmbH, Hiltrup o.J.

Reinhardt, L.: Kulturgeschichte der Nutztiere. Verlag Ernst Reinhardt, München 1912.

Römer, K.: Die Nutz-Geflügelzucht. Verlag Eugen Ulmer, Stuttgart 1892.

Römer, K.: Des Landmanns Winterabende. Band 17: Die Zucht und Pflege des landwirtschaftlichen Nutzgeflügels. Verlag Eugen Ulmer, Stuttgart 1892.

Römer, K.: Die landwirtschaftliche Geflügelhaltung. Verlagsbuchhandlung Paul Parey, Berlin 1914.

Scholtyssek, S., Grashorn, M., Vogt, H. und Wegner, R.: Geflügel. Verlag Eugen Ulmer, Stuttgart 1987.

Scholtyssek, S., Doll, P.: Nutz- und Ziergeflügel. Verlag Eugen Ulmer, Stuttgart 1978.

Sperl, T.: Hühnerzucht für Jedermann. Verlagshaus Oertel und Spörer, Reutlingen o.J.

Tüller, R. und Allmendinger, A.: Geflügelställe. Stallbau, Klima, Einrichtung. Verlag Eugen Ulmer, Stuttgart 1990.

Weinmiller, L., Mehner, A.: Züchtungslehre für Geflügelzüchter. Verlag Eugen Ulmer, Stuttgart 1950.

Woernle, H.: Geflügelkrankheiten. Verlag Eugen Ulmer, Stuttgart 1994.

Zimmer, D.E.: Hühner – Tiere oder Eiweißmaschinen? Rowohlt Taschenbuch Verlag GmbH, Reinbek bei Hamburg 1983.

Informationen und Bezugsquellen

Weitere Informationen zur Geflügelhaltung erhält man bei den Mitgliedsverbänden des Zentralverbandes der Deutschen Geflügelwirtschaft (ZDG) e.V. (Geschäftsstelle: Hinter Hoben 149, 53129 Bonn, Tel. 0228/53002, Fax 5300277

Geflügelwirtschaftsverband Baden-Württemberg e.V., Reitzensteinstr. 2, 70190 Stuttgart, Tel. 0711/2864942, Fax 283701,

Landesverband der Bayerischen Geflügelwirtschaft e.V., Haydnstr. 11, 80366 München, Tel. 089/530453, Fax 533926

Geflügelwirtschaftsverband Brandenburg e.V., Am Fährberg 1, 14669 Ketzin, Tel. 033233/80684, Fax 80885

Geflügelwirtschaftsverband Hessen e.V., Kölnische Str. 48–50, 34117 Kassel, Tel. 0561/104800, Fax 16886

Geflügelwirtschaftsverband Mecklenburg-Vorpommern e.V., Waldschulenweg 2, 19061 Schwerin, Tel. 0385/2182110, Fax 2182114

Landesverband der Niedersächsischen Geflügelwirtschaft e.V., Mars-la-Tour-Str. 6, 26121 Oldenburg, Tel. 0441/9849840, Fax 9849841

Geflügelwirtschaftsverband Rheinland e.V., Endenicher Allee 60, 53115 Bonn, Tel. 0228/703415, Fax 637400

Geflügelwirtschaftsverband Westfalen-Lippe e.V., Schorlemer Str. 26, 48143 Münster, Tel. 0251/599259, Fax 599223

Geflügelwirtschaftsverband Rheinland-Pfalz e.V., Burgenlandstr. 7, 55543 Bad Kreuznach, Tel. 0677931 24, Fax 793199

Geflügelwirtschaftsverband Saarland e.V., Lessingstr. 14, 66121 Saarbrücken, Tel. 0681/6650531

Sächsischer Geflügelwirtschaftsverband e.V., Kranoldstr. 15, Postfach 124, 04833 Eilenburg, Tel. 03423/663225

Wirtschaftsverband Eier und Geflügel Sachsen-Anhalt e.V. (WEG), Friedrichstr. 16, 39356 Weferlingen, Tel. 039061/2598

Geflügelwirtschaftsverband Schleswig-Holstein und Hamburg e.V., Steenbeker Weg 151, 24106 Kiel, Tel. 0431/34740, Fax 330219

Geflügelwirtschaftsverband Thüringen e.V., Nordhäuser Str. 72, 99718 Greußen, Tel. 0363/701016, Fax 701267

Österreich

Arbeitsgemeinschaft der landwirtschaftlichen Geflügelwirtschaft Österreichs (ALGÖ), Dominikanerbastei 21/1/18, A-1010 Wien, Tel. 0222/5354316, Fax 5334941

Arbeitsgemeinschaft der landwirtschaftlichen Geflügelwirtschaft Burgenland, Esterhazystr. 15, A-7000 Eisenstadt, Tel. 02682/70285

Landwirtschaftlicher Geflügelwirtschaftsverband für Niederösterreich, Löwelstr. 15, A-1014 Wien, Tel. 0222/53441-751

Landesverband der landwirtschaftlichen Geflügelwirtschaft Oberösterreichs, Auf der Gugl 3, A-4021 Linz, Tel. 0732/6902-312, Fax 690248

Verband landwirtschaftlicher Geflügelzüchter Salzburg GmbH, Schwarzstr. 19, A-5024 Salzburg, Telefon 0662/870571-44/51

Steirische Geflügel-Zucht und Wirtschaftsgenossenschaft, Hamerlingstr. 3, A-8011 Graz, Tel. 0316/8050226

Landesverband landwirtschaftlicher Geflügelzüchter und -halter Tirols, Brixner Str. 1, A-6020 Innsbruck, Telefon 0512/5929260

Schweiz

Verband Schweizerischer Geflügelhalter (VSGH), Burgerweg 24, CH-3052 Zollikofen, Tel. 031/9111945, Fax 9116460

Interessengemeinschaft der Schweizerischen Eier- und Geflügelproduktion (IG-Geflügel), Burgerweg 24, CH-3052 Zollikofen, Tel. 031/9111945, Fax 9116460

Vereinigung der Schweizerischen Geflügelwirtschaft (SEG), Weyermannstr., CH-3001 Bern, Tel. 031/3823366, Fax 3823393

Schweizerische Geflügelzuchtschule (SGS), Burgerweg 22, CH-3052 Zollikofen, Tel. 031/9115544, Fax 9113968

Als direkte Bezugsquelle für Hühner, Küken und Bruteier bieten sich neben privaten Geflügelhaltungen die örtlichen Rassegeflügelzuchtvereine oder Kleintierzuchtvereine an.

Unser Futter – vor allem Fertigfuttermischungen und Kükenfutter – beziehen wir am besten beim Landhandel, wie etwa den Zweigstellen der Raiffeisengenossenschaften oder bei der örtlichen Mühle. Bei letzterer erhalten wir u.U. auch preiswert Abfallgetreide, das wir den Tieren vor allem im Winter zusätzlich in die Einstreu geben können.

Auch die Futterbehältnisse und entsprechende Gerätschaften erhalten wir im Landhandel und dazu noch einige fachgerechte Tips und Anregungen.

Bei seuchenartiger Erkrankung der Hühnerherde ziehe man den örtlichen Tierarzt zu Rate oder wende sich an die Veterinär-Untersuchungsämter. Dorthin kann man auch lebende oder verendete Tiere, Organteile oder Kotproben einsenden. Eine vorherige telefonische Kontaktaufnahme ist zu empfehlen.

Bildquellen

Hans Reinhard, Heiligkreuzsteinach: Titelbild und Einbandrückseite, S. 2, 7, 10, 22, 26, 47, 49 oben, 52, 53, 64, 87, 94, 121, 125, 131, 147.
Josef Weber, Netstal (Schweiz): S. 31, 39, 56, 86.
Alle übrigen Fotos von den Autoren.
Die Zeichnungen fertigte Rainer Benz, Stuttgart, nach Vorlagen und Angaben der Autoren.

Register

Schräggstellte (kursive) Ziffern weisen auf Abbildungen im Text hin.

Wir haben noch mehr zu bieten ...

Dieses Buch ist aus jahrzehntelanger praktischer Erfahrung geschrieben, um dem Landwirt und dem Hobbytierhalter zu zeigen, „wie es gemacht wird". Wichtige Themen dieses Buches sind: Wirtschaftlichkeit, Rassen für Nutzhaltung, Haltungsformen, Zucht, Brut, Kükenaufzucht, Mast, Schlachtung und Vermarktung und Rezepte für köstliche Gerichte. Außerdem erfahren Sie hier alles über Krankheiten, Gifte und Gefahren.
Horst Freiherr von Luttitz. **Enten und Gänse halten.** 3. Aufl. 1997. 184 S., 79 Farbf., 30 Zeichn. ISBN 3-8001-7351-4.

Heinrich Mackrott. **Tauben halten**. 1997. 175 S., 47 Farbfotos, 17 Zeichnungen. ISBN 3-8001-7375-1. Ein anschauliches Buch eines engagierten Züchters, das eine umfassende Einführung in alle Wissensgebiete der Taubenhaltung gibt.

Auf viele wesentliche Fragen, die sich bei der Haltung von Ziergeflügel stellen, gibt dieses Buch Antworten und Hinweise. Der Autor präsentiert rund 40 Ziergeflügelarten, wie zum Beispiel Fasane, Pfaue, Perlhühner, Wachteln, Gänse und die verschiedensten Enten. Die jeweils typischen Merkmale und Pflegeansprüche werden ausführlich in Wort und Bild vorgestellt.
Johannes Oldenettel. **Ziergeflügel halten.** Hühner- und Entenvögel. 2, Aufl. 1998. Ca. 168 Seiten, 46 Farbf., 23 Zeichnungen. ISBN 3-8001-7384-0.

Franz Lampeitl. **Bienen halten**. Eine Einführung in die Imkerei. 4. Auflage 1995. 190 S., 65 Farbfotos, 58 Zeichnungen. ISBN 3-8001-7305-0.
Dieses Buch wendet sich an alle, die mit der Bienenhaltung beginnen möchten.

... weitere Titel aus der Halten-Reihe.